VIRUS TUEUR exposé !

Nouvelles souches de covidés et grande réinitialisation, agenda 2030, puces 5G et passeports vaccinaux ?

État profond et élite - Contrôle de la population - un avenir mondialiste ?

Rebel Press Media

Avis de non-responsabilité

Nos autres livres

Consultez nos autres livres pour découvrir d'autres informations inédites, des faits exposés et des vérités démystifiées, et bien plus encore.

Rejoignez le cercle exclusif des médias de Rebel Press !

Vous recevrez chaque vendredi dans votre boîte de réception de nouvelles mises à jour sur la réalité non rapportée.

Inscrivez-vous ici dès aujourd'hui :

https://campsite.bio/rebelpressmedia

Introduction : Pas de preuves ?

Centre National d'Immunisation et des Maladies Respiratoires : Le virus SRAS-CoV-2 n'a jamais été isolé d'un seul patient - Le directeur du CDC reconnaît à la télévision que les "vaccins" ne préviennent PAS les infections.

Donc, en effet, ce n'était que la grippe ou un autre virus respiratoire existant. On peut désormais l'affirmer avec certitude après que le CDC a finalement répondu à plusieurs demandes du WOB, reconnaissant qu'aucune preuve ne peut être apportée d'un virus isolé - et donc dont l'existence est objectivement prouvée - qui causerait le Covid-19. Ainsi, ce que les sceptiques appellent de leurs vœux depuis plus d'un an, et ce qui a été rejeté par les politiciens et les médias comme étant des "fake news" et de la "désinformation" depuis lors, est maintenant la vérité confirmée : la crise corona est, médicalement parlant, un grand canular. Les personnes qui se sont retrouvées à l'hôpital avaient et ont probablement toutes une grippe et/ou une pneumonie. Il s'agit donc d'une décision purement politique, sous couvert d'un "nouveau" virus respiratoire, visant à détruire progressivement l'économie et la liberté de la société pour permettre la "grande réinitialisation" communiste et l'"Agenda 2030".

L'année dernière, nous avons déjà signalé plusieurs demandes FOIA (= WOB) de la journaliste d'investigation canadienne Christine Massey et de son

5

équipe. Elle a demandé aux autorités du monde entier la preuve scientifique que le virus SARS-CoV-2 a été isolé ne serait-ce que d'un seul patient, et qu'il causerait de manière démontrable la maladie (supposée) "Covid-19". (Voir également nos articles du 11-03 : 225 000 € de récompense offerts pour apporter la preuve de l'existence du SRAS-CoV-2 ; 11-04 : " Les laboratoires américains ne peuvent pas trouver de Covid-19 chez aucun des 1500 positifs testés " (/ Les tests effectués dans 7 universités sur TOUTES les personnes examinées ont montré qu'elles n'avaient pas de Covid, mais la grippe A ou B) et 20-12-2020 : Malgré 40 demandes de WOB dans le monde entier, pas une seule autorité ne peut fournir la preuve du SRAS-CoV-2).

Le 7 juin, il y a enfin eu une réponse (#21-01075-FOIA) du CDC : "Une recherche dans nos dossiers n'a révélé aucun document lié à votre demande. Le National Center for Immunization and Respiratory Disease nous informe spécifiquement que le CDC ne purifie ni n'isole aucun virus Covid-19 de la manière décrite par l'auteur de la demande".

Un test totalement démystifié reste une politique européenne de base

En d'autres termes, le CDC n'a jamais été en mesure d'isoler le virus SRAS-CoV-2. Scientifiquement, cela enlève toute base pour supposer qu'un "nouveau" virus causerait une "nouvelle" maladie. Récemment, le CDC a décidé d'interdire le test PCR à partir du 1er janvier

2022, précisément parce qu'il ne peut pas le distinguer d'une grippe ordinaire, et parce que le nombre énorme de faux positifs rend de toute façon ce test totalement peu fiable.

(Et pourtant, ce test totalement démystifié continue également à être utilisé abusivement par les gouvernements européens pour des mesures d'exclusion encore plus oppressives et discriminatoires et bientôt de nouveaux enfermements totalitaires).

Le site web du Dr Robert O.Young renvoie à d'autres documents du CDC qui montreraient que le virus HPV, le virus de la rougeole, le virus MERS, le virus Zika et le virus de la polio, entre autres, n'ont jamais été isolés et purifiés à partir d'un patient (il en irait de même pour le virus VIH). Le CDC a inventé la science derrière les "pandémies" mondiales pendant des décennies, utilisant les médias pour créer une hystérie de masse alors qu'aucune pandémie n'existait", observe Mike "Natural News" Adams.

Canular du virus Zika

Un autre exemple récent est celui du virus Zika, que nous avons également couvert. Les médias grand public ont répandu la peur en affirmant que ce "virus Zika" provoquait la microcéphalie (crâne plus petit ou malformé) chez les bébés. Les sociétés pharmaceutiques ont reçu des milliards pour mettre au point un vaccin, mais le virus Zika s'est avéré n'être rien de plus qu'un énième battage médiatique.

En fait, il était clairement établi que les malformations congénitales étaient en réalité causées par des vaccins antérieurs, et un "virus" a été faussement accusé pour que le véritable coupable ne soit pas connu du public.

Le directeur du CDC reconnaît que les vaccins ne préviennent pas les "infections".

Le canular de l'effet couronne s'effondre maintenant que le directeur du CDC, le Dr Rochelle Walensky, a admis à la télévision que les "vaccins" ne préviennent PAS les infections. Qu'il y ait ou non des infections avec des virus et des variantes qui peuvent ou non exister n'est pas pertinent ici. Ce qui importe, c'est que l'un des plus hauts responsables médicaux des États-Unis confirme par la présente que les "vaccins" Covid-19 sont totalement inutiles en termes médicaux, et que le "test/passeport vaccinal" n'est rien d'autre que la preuve d'une obéissance aveugle absolue à un agenda politique, et non du "statut immunitaire" d'une personne.

Les injections de protéines d'épi ("piqûres d'épi") sont des armes biologiques mortelles".

Alors que le virus Covid-19 semble n'être rien d'autre qu'un virus du rhume ré-étiqueté, la nanoparticule toxique de protéine spike - qui est maintenant injectée par le biais de "vaccins" - est une arme biologique mortelle créée aux Etats-Unis et fortifiée à Wuhan avec l'argent des contribuables américains", écrit Adams. Il semble maintenant clair que le but de l'hystérie du Covid était d'amener les gens à accepter en masse des injections de protéine spike (encodage), délibérément faussement qualifiées de 'vaccins'.

Ces protéines de pointe provoquent des caillots sanguins, c'est pourquoi le vaccin Covid est désormais appelé "piqûre anti-coagulation" (ou "piqûre anti-coagulation"). (Voir aussi notre article du 14-07 : Un médecin canadien teste ses patients vaccinés : 62% ont déjà des caillots sanguins). Ils provoquent également des lésions neurologiques, des hémorragies cérébrales, des crises cardiaques, des avortements spontanés et des lésions générales des vaisseaux sanguins, même selon l'institut Salk (extrêmement favorable aux vaccins), qui fait partie du courant dominant.

La protéine spike a été développée comme arme biologique pour provoquer une série de symptômes faussement appelés 'Covid', qui sont ensuite utilisés pour faire passer encore plus d'injections d'encore plus d'armes biologiques (spike). Le "virus" Covid-19 n'est qu'un cocktail concocté à partir de virus du rhume et de l'herpès... Le but de tout cela ? La dépopulation.

Toute personne qui coopère est complice de crimes contre l'humanité".

La protéine de pointe est une arme de dépeuplement",
a poursuivi Adams. Le 'vaccin' est une piqûre
d'extermination/suicide semblable à celle de Soylent
Green, présentée comme un 'médicament'. La
'pandémie' était une hystérie médiatique destinée à
provoquer la panique afin que les gens réclament un
vaccin en masse et ne résistent pas à ces injections
exterminatrices. Cela signifie que beaucoup de ceux qui
ont reçu cette injection seront bientôt morts, car le but
de cette fausse pandémie est de se débarrasser de
milliards de personnes dans le monde".

Cela signifie également que toute personne qui y
participe est complice d'un meurtre génocidaire et de
crimes contre l'humanité. Cela inclut les journalistes, les
scientifiques, les médecins, les politiciens, les
responsables de la FDA/CDC/OMS (/RIVM/GGD/EMA),
et même les pharmaciens et infirmières locaux qui
injectent ces doses mortelles dans des hommes, des
femmes, des enfants et des personnes âgées. Comparé
à leurs crimes contre l'humanité, l'Holocauste de la
seconde guerre mondiale est un jeu d'enfant. En effet,
au cours de l'holocauste des vaccins Covid, des milliards
de personnes pourraient bien être assassinées avant
que ces criminels ne soient arrêtés".

**Vous assistez à une campagne d'extermination
massive.**

En substance, vous assistez à une campagne mondiale
d'extermination massive déguisée en réponse de santé

publique à une pandémie. Il s'agit du canular
"scientifique" le plus sinistre et le plus diabolique jamais
perpétré dans l'histoire de la civilisation moderne. Il
s'agit, en toute honnêteté, d'une tentative mondialiste
d'extinction de l'homo sapiens, d'une sorte de
"nettoyage ethnique" planétaire visant à débarrasser le
monde des humains (de loin les plus nombreux) et à
préparer le terrain pour le prochain scénario insensé
qu'ils ont en tête.

*Il est temps pour tous les êtres humains qui souhaitent
sauver la race humaine de se lever pacifiquement et de
s'opposer à cette tentative d'extermination génocidaire
de l'humanité".*

Des hommes politiques comme le sénateur Rand Paul
invitent donc tout le monde à dire simplement NON aux
nouvelles mesures d'enfermement, aux protège-dents,
à la distanciation sociale, aux tests, aux passeports
Covid et, bien sûr, aux injections. Ils ne peuvent pas
tous nous arrêter. Ils ne peuvent pas empêcher tous les
enfants d'aller à l'école... Nous n'avons pas à accepter
ces mesures néfastes de la part de ces tyrans
insignifiants et de ces faibles bureaucrates. (Dites :)
"Nous ne vous permettrons pas de nuire à nos enfants
cette année encore.

**Les mondialistes veulent éliminer quelques milliards
de personnes**

Nous avons tous été trompés, les amis", conclut Adams. Rien de tout cela n'a à voir avec la santé publique, le sauvetage de vies ou l'arrêt d'une pandémie. Il s'agit d'un jeu méticuleux et coordonné pour amener les gens à se suicider avec des injections d'armes biologiques afin que les mondialistes puissent éliminer quelques milliards de personnes de cette planète et imposer leur tyrannie et leur contrôle autoritaire aux survivants.

Il peut également s'agir d'une couverture pour leur plan de réinitialisation financière, qui fera s'effondrer la monnaie mondiale, détruira tous les "actifs" financiers des moutons, et transférera la propriété de tout dans les mains de l'élite mondialiste".

Nous n'osons pas dire pour l'instant si la situation sera vraiment aussi grave que Mike Adams - et maintenant beaucoup d'autres - le craignent. Mais une chose semble certaine : les injections de Covid vont provoquer une crise de santé publique inimaginable avec un nombre de victimes sans précédent rien qu'en Europe.

Ce livre est une compilation de nos articles publiés précédemment et de nouveaux articles pour exposer les vaccins avec le contexte adéquat, concernant des sujets tels que la dépopulation et le contrôle du monde par l'élite mondialiste. Si vous souhaitez en savoir plus sur des sujets tels que la grande réinitialisation, nous vous conseillons de lire également nos autres livres, et de les partager avec tous ceux qui vous sont chers.

Nous voulons toucher le plus grand nombre de personnes possible, c'est pourquoi nous continuons à publier notre contenu, pour nous assurer que si un titre est ignoré, l'autre titre reçoit quand même l'attention dont ces sujets ont besoin.

Si nous voulons gagner cette guerre contre l'humanité, nous devons informer tout le monde de la réalité de ce qui se passe en ce moment !

Soutenez-nous en laissant des critiques positives sur toutes les plateformes, afin que nous puissions continuer à faire connaître la vérité et nous assurer de réveiller autant de personnes que possible. La liberté passe par la vérité et nous ne pouvons changer notre avenir que si nous avons la majorité !

Table des matières

Chapitre 1 : Les décès dus aux vaccins dévoilés !

Un spécialiste des maladies infectieuses : C'est une bombe à retardement mondiale : toute personne vaccinée finira par souffrir d'effets indésirables.

Le mensonge persistant depuis des mois selon lequel les vaccins Covid-19 ne restent que dans les tissus musculaires a déjà été définitivement démenti par plusieurs études scientifiques. Aujourd'hui, l'autopsie d'une personne vaccinée décédée a montré que les instructions génétiques de l'ARNm - tout comme la protéine de pointe produite par les vaccins - se propagent effectivement dans tout le corps et dans tous les organes. Un spécialiste des maladies infectieuses du New Jersey, choqué, qui n'a pas souhaité être nommé par crainte de représailles, a répondu que "cela signifie qu'à terme, TOUTE personne vaccinée connaîtra des effets secondaires indésirables. Et comme les personnes vaccinées ont été transformées en "usines à piques" permanentes par cet ARNm, ces effets seront très probablement irréversibles. C'est une bombe à retardement mondiale", telle est donc sa conclusion.

L'autopsie d'un homme vacciné par Covid aurait été la première du genre et a révélé que chez l'homme décédé, âgé de 86 ans, un "ARN viral" a été trouvé dans pratiquement tous ses organes 24 jours après l'injection.

Pas de Covid, test négatif, puis ADE causée par une combinaison vaccin-virus mortelle.

Après sa première injection Pfizer le 9 janvier, l'homme a développé des problèmes de santé croissants, nécessitant une hospitalisation au bout de 18 jours. Cependant, il ne présentait aucun symptôme clinique lié au Covid, et son test était également négatif. Le rapport post-mortem indique donc qu'"aucun changement morphologique dû au Covid" n'a été trouvé dans son corps.

Les autorités médicales affirment que la personne de 86 ans a contracté le Covid par l'intermédiaire d'un autre patient du service, mais l'autopsie prouve que les dommages causés à ses organes étaient antérieurs à son admission. Cela ne laisse en fait qu'une seule cause : le vaccin. Et lorsque l'homme a effectivement été infecté à l'hôpital, il n'a eu aucune chance et a fait une réaction ADE (Antibody Dependent Enchancement), contre laquelle de nombreux scientifiques indépendants (comme le professeur Pierre Capel) et experts mettent en garde depuis des mois.

L'ARN du virus créé par l'ARNm du vaccin ?

Le vaccin n'a pas pu empêcher le virus de pénétrer dans tous les organes", écrit Hal Turner, animateur de radio américain. Il existe toutefois une autre explication possible : l'"ARN viral" a en réalité été créé par l'ARNm du vaccin.

Enfin, tous les vaccins homologués en Occident encodent l'organisme pour qu'il produise la protéine spike du (supposé) virus. Une étude récente de Pfizer au Japon a montré que seule cette protéine spike - intentionnellement modifiée pour mieux se lier aux récepteurs ACE2 humains - est responsable de tous les dommages pour la santé, et se propage dans tout le corps après la vaccination, y compris dans le cerveau, comme l'a également montré une étude récente de Nature Neuroscience.

En résumé, la déduction logique est :

si le corps est rempli d'ARN viral, ce qui aurait causé la mort du patient.

** et il est établi que seule la protéine spike est la partie dangereuse du virus*

et les vaccins ARNm ordonnent au corps humain de fabriquer cette protéine de pointe.

** de telle sorte qu'elle adhère aux cellules humaines encore mieux que la protéine de pointe virale.*

Le patient est alors décédé à la suite d'un EIM causé par cette protéine de pointe.

qui doit provenir (principalement) du vaccin, car il n'avait pas de Covid-19 lorsqu'il a été admis pour des problèmes de santé 18 jours après sa vaccination.

Les personnes qui continuent à dire aux autres et à elles-mêmes qu'elles ont été "vaccinées il y a des mois et qu'elles n'ont pas à s'inquiéter" devraient également considérer que les conséquences de ces modifications délibérées de l'ADN peuvent être comparées au cancer : il peut se développer très rapidement, mais aussi très lentement. Seulement, une fois qu'il est là, il ne disparaît jamais de lui-même.

Les vaccins affectent-ils déjà le jugement ?

Il faut réfléchir", écrivons-nous. Mais certaines personnes vaccinées peuvent-elles encore le faire ? Nous avons reçu un message d'un contact qui a écrit qu'il avait essayé désespérément d'empêcher deux de ses amis de se faire vacciner. En vain. Les deux amis se sont quand même fait vacciner ; l'un d'eux souffre maintenant constamment de son cœur qui s'emballe, l'autre a dû être hospitalisé pour une thrombose sévère (info anonyme publiée avec autorisation).

Et vous l'avez deviné : les médecins impliqués ont déclaré, avant même le diagnostic et les examens, que cela ne pouvait pas être dû au vaccin. Et les victimes ont bizarrement cru cela aussi. Il ne s'agit bien sûr que de spéculations, mais cette incapacité à penser logiquement, à faire de bons jugements, à tirer des

conclusions, est-elle peut-être le résultat de lésions
cérébrales causées par ces mêmes vaccins ?

Une bombe à retardement mondiale

Un spécialiste des maladies infectieuses du New Jersey
a déclaré qu'il avait été extrêmement choqué en lisant
le rapport d'autopsie. Les gens pensent que seule une
minorité souffre des effets secondaires du vaccin. Si l'on
se base sur cette étude, cela signifie qu'en fin de
compte, tout le monde aura des effets secondaires, car
ces protéines de pointe se lient aux récepteurs ACE2
dans tout le corps.

Cet ARNm aurait dû rester au point d'injection, mais ce
n'est pas le cas. Cela signifie que les protéines de pointe
fabriquées par l'ARNm vont aussi pénétrer dans tous les
organes. Et nous savons que c'est cette protéine de
pointe qui fait les dégâts.

Chapitre 2 : La Chine travaille-t-elle avec les États-Unis ?

Pourquoi la Chine n'a-t-elle PAS utilisé la technologie ARNm/ADN contestée dans ses propres vaccins ? - Directeur des NIH : "Le SRAS-1 et le MERS viennent aussi de là".

Encore une autre "théorie du complot" qui s'avère être un fait avéré, révélant ainsi un autre mensonge perpétué pendant des mois par les médias grand public et les politiciens. Le Dr Francis Collins, actuel directeur des National Institutes of Health (NIH) américains, a franchement admis dans une interview que les Américains et les Chinois ont collaboré pour rendre le coronavirus plus contagieux pour les humains ("gain de fonction") dans le laboratoire biohazard-4 de Wuhan. Le Dr Anthony Fauci, dont les ennuis ne cessent de s'aggraver en raison de ses nombreux mensonges désormais avérés, a nié devant le Sénat en mars que lui et son collègue Collins avaient financé la recherche sur le "gain de fonction" dans le laboratoire de Wuhan. Il semble maintenant qu'il ait commis un parjure à ce sujet.

Le SRAS et le MERS viennent de là.

Les déclarations de Collins sont également très compromettantes pour le Dr Peter Daszak, qui, par le biais de son alliance Ecohealth, a reçu des subventions importantes du NIH pour financer la recherche sur le "gain de fonction" à Wuhan. Collins a expliqué en détail comment le NIH et l'Institut de virologie de Wuhan travaillent ensemble. Il a insisté sur le fait qu'il y a une "bonne raison" à cela, puisque le SRAS-1 et le MERS sont tous deux "originaires de là".

Mike "Natural News" Adams entend dire que le SRAS et le MERS proviennent du laboratoire de Wuhan, mais à mon avis, par "là-bas", Collins entend la Chine en général. En effet, le SRAS-1 est apparu pour la première fois en Chine en 2003. Sa propagation a ensuite été limitée à quatre autres pays.

Cependant, le MERS a été détecté pour la première fois en Arabie saoudite en 2012 (voir également notre article d'hier : Des revues médicales annoncent une nouvelle pandémie potentielle : MERS-CoV). Adams a donc raison de se demander, après tout, si "Collins a plus d'informations que ces coronavirus relativement nouveaux et mortels (SRAS, MERS) proviennent tous deux du laboratoire de Wuhan ?

La théorie du complot s'avère être un fait avéré

Les docteurs Collins, Daszak et Fauci ont travaillé directement avec la tristement célèbre "femme chauve-souris", le docteur Shi Zhengli, qui est financée et récompensée par le Parti communiste chinois (PCC), selon les rapports de presse du laboratoire de Wuhan. L'institut de virologie de Wuhan est également le centre d'un "groupe de front uni" créé pour neutraliser toute opposition ou critique potentielle du PCC. Lorsque le laboratoire a été identifié comme une source possible du coronavirus l'année dernière, la Chine a bloqué une enquête de l'OMS à son sujet. Puis, pendant des mois, le Dr Fauci a proclamé des mensonges désormais avérés, et a même commis un parjure à ce sujet.

Il en va de même pour le Dr Daszak, régulièrement cité dans les médias occidentaux, qui ne cessait d'insister sur le fait qu'une origine artificielle du virus, c'est-à-dire une "fuite de laboratoire" - intentionnelle ou non - était une "théorie du complot". Les scientifiques qui soulignaient les nombreuses incohérences et les preuves factuelles que la théorie de la soupe de chauve-souris ou du marché aux fruits de mer, également acceptée comme "vraie" en Europe, est une pure absurdité, étaient attaqués avec virulence et noircis. C'est même arrivé à Luc Montagnier, découvreur du VIH et lauréat du prix Nobel.

La marche des "usines COVID".

Fauci, Daszak et d'autres scientifiques du système ont également tout fait pour injecter à l'ensemble de la population mondiale des "vaccins" expérimentaux de manipulation génétique, dont il est maintenant démontré qu'ils transforment les gens en "usines à pointes" ambulantes qui sont également "rejetées" (exhalées) dans l'environnement. Dans des articles précédents, nous avons souligné le nombre croissant d'études et de rapports scientifiques indiquant que ces

23

"pointes" exhalées peuvent également nuire à la santé des personnes non vaccinées.

Si l'on met cela en relation avec les "dossiers Fauci" qui ont fait l'objet d'une fuite et dont il ressort que le coronavirus était déjà désigné en interne comme une "arme biologique" délibérément créée le 11 mars 2020, il en ressort un tableau terrifiant qui est probablement trop lourd à porter pour la plupart des gens.

Les vaccins chinois ne contiennent pas d'ARNm - pourquoi pas là-bas, et ici ?

Considérez ce qui suit : peu après le déclenchement de la pandémie de corona, la Chine a partagé avec le monde entier toutes les informations sur le virus (supposé) SRAS-CoV-2, y compris le plan complet de construction génétique. Sur cette base, de nouveaux vaccins basés sur la technologie de l'ARNm et de l'ADN, jamais utilisés ou testés sur des humains, ont été développés en Amérique, en Europe, en Russie et en Inde, avec lesquels la plus grande expérience médicale de l'histoire est maintenant menée en l'injectant à un maximum de personnes et même d'enfants.

Cependant, les vaccins chinois ne contiennent pas cette technologie ARNm/ADN. Là-bas, la société et l'économie fonctionnent normalement depuis un certain temps. Quelle pourrait être la raison pour laquelle les Chinois n'ont pas voulu injecter des instructions ARNm dans leur population ? Étaient-ils

peut-être pleinement conscients des risques
gigantesques que cela impliquerait ?

Une question encore plus importante : pourquoi l'a-t-on
fait et le fait-on ici ?

Chapitre 3 : Facebook acheté par big pharma ?

Judicial Watch fournit des preuves, suite à la demande de WOB, d'une étroite coopération entre Facebook, le CDC et la Fondation Bill & Melinda Gates dans la manipulation de la couverture de la pandémie de corona - Le Ministère de la Vérité a complètement déplacé le vrai journalisme en Occident vers des canaux alternatifs.

Quelle que soit la fiabilité de vos sources, il arrive que vous fassiez une erreur de jugement sur la base d'informations convaincantes, comme ce fut le cas hier avec l'article sur un prétendu camp de concentration au Canada, qui s'est avéré être une installation pour les ouvriers travaillant sur un nouveau gazoduc. (Nous remercions vivement les lecteurs qui nous l'ont signalé. Une lecture active et une réflexion en parallèle, et une correction si nécessaire, sont très appréciées). Bien sûr, les "vérificateurs de faits" des médias grand public se jettent immédiatement sur ce genre de rapports partiellement incorrects, mais quelle est leur fiabilité quand on sait que, par exemple, le célèbre Factcheck.org (Facebook) est financé par la société mère du fabricant de vaccins Johnson & Johnson ?

Le membre du Congrès américain Thomas Massie l'a récemment souligné dans plusieurs tweets lorsque Facebook a une nouvelle fois supprimé les soi-disant "informations erronées" sur les vaccins. Le site Factcheck.org utilisé par Facebook est en fait financé par la Fondation Robert Wood Johnson, dont le PDG Richard Besser est, pas tout à fait par hasard, un ancien directeur du CDC. La fondation détient plus de 1,8 milliard de dollars en actions Johnson & Johnson, l'un des quatre principaux fabricants de vaccins Covid-19.

Le ministère de la Vérité a supplanté le vrai journalisme

C'est une véritable tromperie, car pensiez-vous vraiment que le "vérificateur de faits" de Facebook publierait ou confirmerait des rapports négatifs sur les produits de son principal bailleur de fonds ? Bien sûr que non - factcheck.org est - tout comme les autres vérificateurs de faits des grands médias - un outil de propagande de l'industrie pharmaceutique, de Big Tech et du système politique mondialiste.

Les "vérificateurs de faits" officiels sont devenus un élément essentiel du "ministère de la vérité" orwellien qui, en Occident, a complètement déplacé le journalisme autrefois indépendant vers des canaux alternatifs.

En Europe certainement, presque TOUS les reportages des grands médias sur des sujets importants tels que la santé, les vaccins, le climat, l'énergie, l'immigration, la science et la société sont politisés et encadrés, destinés à vous donner la perception d'une réalité prescrite qui n'a plus grand-chose à voir avec la vérité.

Facebook / CDC / Bill Gates collaborent étroitement sur le récit de Corona

D'autres nouvelles concernant Facebook (/ "Fakebook") : le célèbre "chien de garde" Judicial Watch a publié des preuves obtenues par le biais d'une requête WOB (2469 documents, y compris des courriels officiels) montrant que Facebook travaille en étroite collaboration avec le CDC pour contrôler et manipuler les rapports sur la corona p(l)andémie. Facebook a également fourni au CDC des espaces publicitaires gratuits d'une valeur de 3 millions de dollars.

Par exemple, le 26 janvier 2020, quelques jours seulement après qu'un haut responsable de la Fondation Bill et Melinda Gates ait mis le CDC en contact avec Facebook, le géant des médias sociaux a informé le CDC des mesures qui seraient prises pour lutter contre la "désinformation" concernant le Parti communiste chinois (PCC) et le virus "Wuhan". Sous le titre "FB coronavirus narrative", Facebook a indiqué qu'il travaillait avec plus de "60 organisations de vérification des faits" qui examinent le contenu des publications dans plus de 50 langues.

Nous avons insisté sur le mot "narratif" car il souligne une fois de plus le fait qu'il a été décidé dès le départ qu'une seule version prédéterminée et souhaitée de l'apparition de ce supposé virus devait apparaître dans les médias. Corona était alors encore principalement limité à la Chine, mais partout dans le monde, les médias et les vérificateurs de faits étaient préparés et chargés de manipuler la population pour qu'elle n'adopte que cette version officielle.

Bill Gates est également le principal sponsor du "vérificateur de faits" Politifact, qui est utilisé par Facebook et Google pour diffuser des informations erronées sur les injections de thérapie génique Covid-19, en affirmant par exemple qu'il s'agirait de "vaccins" dont la sécurité serait "prouvée".

Facebook pourrait ne plus exister après 2035

Mark Zuckerberg a donc menti en affirmant que Facebook n'est "pas le gouvernement". L'économiste américain Martin Armstrong estime que Facebook "a désormais perdu toute immunité et peut être poursuivi directement pour avoir violé les droits civils de chacun".

Zuckerberg a-t-il ainsi démontré qu'il n'est pas qualifié pour diriger une entreprise de cette taille ? L'augmentation du prix des actions n'a rien à voir avec ses compétences en matière de gestion". Bien que les propres statistiques de Facebook montrent le contraire, l'inévitable déclin ne semble pas devoir tarder. Armstrong : "Il peut penser qu'il est un demi-dieu et omnipotent, mais parfois, plus ils sont hauts, plus ils tombent bas. Facebook pourrait ne plus exister après 2035".

Chapitre 4 : Corruption et manipulation ?

Google, Facebook et les autres grandes entreprises technologiques manipulent l'humanité comme jamais auparavant dans l'histoire" - Des vérificateurs de faits ont prouvé que les médias traditionnels racontent surtout des mensonges.

Le 18 août, le documentaire déjà très médiatisé "Plandemic II : inDOCTORnation" est sorti. Dans ce film à visionnage libre, les faits sont présentés les uns après les autres sur la manipulation et la corruption des médias grand public et sociaux, de Bill Gates, de l'industrie du vaccin et des célèbres "experts" de l'effet corona utilisés par les gouvernements pour semer la peur dans la population. Ce documentaire conclut également que le canular de la pandémie mondiale de corona est un programme délibéré visant à soumettre l'ensemble de l'humanité à un contrôle total, tout en permettant à Big Pharma de recevoir des milliards de dollars des contribuables.

C'est un documentaire à voir absolument, qui vous fera tomber de votre chaise et changera à jamais votre compréhension de la corruption totale de l'establishment "scientifique" et du système médical à but lucratif", commente Mike "Natural News" Adams. En fait, un groupe de personnes malveillantes a créé ce virus et l'a lâché sur le monde pour écraser l'humanité et faire des milliards de dollars de bénéfices. Ce qui est

encore plus choquant, c'est que ce n'est pas la première
fois qu'ils essaient de le faire.

**Google, Facebook et autres Big Tech manipulent
l'humanité comme jamais auparavant dans l'histoire".**

Les moteurs de recherche (comme Google) sont le Saint
Graal pour ceux qui veulent contrôler le récit (= ce que
l'on dit aux gens)", commence l'un des clips les plus
courts du document, téléchargé pour rendre
l'information plus accessible aux nombreuses personnes
ayant une durée d'attention plus courte. Google a déjà
plus de pouvoir pour contrôler la vie des gens que
presque tous les gouvernements du monde".

Lors d'une audition au Congrès américain, un
psychologue a témoigné que Google, Facebook et
Twitter et d'autres entreprises de la "Big Tech" sont
capables de manipuler 15 millions d'électeurs pour
qu'ils votent ou non pour un candidat ou un parti
particulier, rien qu'aux États-Unis. Et les méthodes
qu'elles utilisent sont invisibles", a expliqué le Dr Robert
Epstein. Elles sont subliminales et plus puissantes que
toute autre méthode que j'ai rencontrée au cours de
mes 40 ans de carrière dans les sciences du
comportement".

Zach Vorhies, ingénieur chez Google et lanceur d'alerte,
a souligné que Google a déclaré sous serment qu'il ne
tenait pas de "liste noire", mais que c'était un
mensonge, car la liste existe bel et bien. En tant

qu'ingénieur, j'ai enquêté sur le moteur de recherche interne de Google. J'ai découvert qu'il avait mis sur liste noire de nombreux termes de recherche, tels que "cancer cure" et "cure cancer". Pourquoi Google décide-t-il de ce que les gens peuvent ou ne peuvent pas rechercher ?

Fact-checkers : les médias grand public prêchent surtout des mensonges

Google est passé du statut de meilleur moteur de recherche à celui de "réseau de contrôle mondial, de collecte de données et d'ingénierie sociale", poursuit le document. Il en va de même pour les soi-disant "vérificateurs de faits". La société Snopes, mondialement connue, a été fondée en 1995 par un couple qui n'avait aucune formation ou expérience journalistique. Google est la principale source de Snopes pour "vérifier" si quelque chose est "vrai" ou "faux".

Cependant, Snopes s'avère souvent être une source de mensonges. Par exemple, il a été prétendu qu'il n'était pas vrai que le Dr Judy Mikovits (à laquelle nous avons également consacré un long article sur ce site le 10 mai) avait été arrêtée sans mandat et sans inculpation en raison de son opinion scientifique critique sur les vaccins, et en particulier sur les futurs vaccins Covid-19. Snopes n'avait qu'à demander les documents officiels de l'arrestation, ou à consulter les avocats du Dr Mikovits, pour constater que c'était bien la vérité.

Le site Politifact de Facebook, qui dispose d'une "hotline" directe avec l'OMS, est au moins aussi manipulateur. Le propriétaire de Politifact est le Poynter Institute, qui a reçu d'importantes sommes d'argent de Google et de la Fondation Bill & Melinda Gates. Politifact et FactCheck.org ont affirmé qu'il s'agit d'une "théorie du complot" selon laquelle les brevets relatifs au coronavirus et à ses traitements existent depuis des années. Cependant, ils n'ont examiné que 3 des 4452 brevets accessibles au public, qui montrent indéniablement que le coronavirus du SRAS, sa détection et son traitement sont largement brevetés dans les secteurs public et privé.

Les présentateurs de journaux télévisés, les émissions d'actualité et les talk-shows "au service de la même machine de propagande".

Toute une industrie est payée pour attaquer et diffamer les journalistes et les lanceurs d'alerte, et ruiner leur réputation", poursuit le document. Les présentateurs de journaux télévisés et les têtes d'affiche des émissions d'actualité "ne sont pas les seuls acteurs hautement rémunérés employés par la machine de propagande. La plupart des talk-shows appartiennent aux mêmes "seigneurs" et suivent le même scénario, mais en y ajoutant une boutade".

Aux Pays-Bas aussi, c'est une tactique quotidienne que de qualifier de "conspirationnistes" les critiques de la politique officielle en matière d'énergie corona, de climat, d'immigration, d'UE, etc., en citant toujours les groupes marginaux les plus extrêmes (terre plate / terre plate, crop circles, reptiliens, etc.). Par le biais de sites web d'"opposition contrôlée", toute critique sérieuse est également repoussée de manière astucieuse dans un coin absurde "chapeau d'alu" ou "geek", dans le but que le citoyen moyen n'écoute même plus les autres voix sérieuses et fondées.

C'est de l'hystérie collective !

Le documentaire reprend un extrait souvent cité du film "Network" (1976). Dans cet extrait, un célèbre présentateur de télévision s'adresse soudainement au public dans le studio : "La télévision n'est pas la vérité ! Nous n'avons créé que des illusions, il n'y a RIEN de vrai là-dedans ! Mais vous, des gens de tous âges, de toutes couleurs et de toutes espèces, vous êtes assis et vous nous regardez jour après jour, nuit après nuit, et vous commencez à croire les illusions que nous vous racontons. Vous commencez à croire que la télévision est la réalité, et que vos propres vies sont irréelles.

C'est de l'hystérie de masse, bande de maniaques ! Vous êtes réels, et nous sommes l'illusion ! Alors éteignez vos télévisions MAINTENANT, et laissez-les éteintes !

Un appel que beaucoup de personnes de 44 ans devraient prendre à cœur. La seule façon de faire tomber les écailles de vos yeux, de commencer votre déprogrammation, est en effet de cesser immédiatement de regarder et d'écouter les célèbres programmes d'information et d'actualité, avec leurs dirigeants adulés, qui ne sont que des gestionnaires de la perception pour une élite qui, depuis des années, travaille dur pour nous enlever tout ce qui nous est cher, toutes nos libertés, nos vies entières et notre avenir. Le canular de la pandémie de Covid-19 est le triste point culminant de cette hystérie de masse sans précédent alimentée par les médias et la politique.

Plandemic II aborde également en détail les véritables antécédents et motivations de Bill Gates, l'Event-201 (autour de la pandémie de corona déjà prévue pour 2019), ainsi que la fraude criminelle et la corruption de l'industrie du vaccin. En raison de la longueur de cet article, il serait préférable d'en discuter dans d'éventuels articles séparés. En outre, de nombreuses questions ont été abordées à de nombreuses reprises sur ce site également.

Chapitre 5 : Les mensonges des vaccins ?

Les personnes qui prétendent que ces soi-disant vaccins sont sûrs sont des abrutis" - De l'oxyde de graphène dans un vaccin Pfizer ou non ? Le vérificateur de faits DPA n'a rien trouvé de mieux que "si ce n'est pas dans la notice, c'est que ce n'est pas là".

Le Dr Michael Yeadon, ancien vice-président et scientifique en chef de Pfizer, a donné plusieurs interviews cette année au sujet des "vaccins" Covid-19. En dépit de ses connaissances et de sa carrière, il est maintenant rejeté par les "vérificateurs de faits" comme un "anti-vaxxer" et un théoricien de la conspiration qui ferait des "déclarations non fondées". Par exemple, Yeadon affirme que la plupart des affirmations des médias et des politiciens concernant les "vaccins" ne sont que des absurdités pseudo-scientifiques et que ces injections pourraient en fait constituer une menace existentielle pour l'ensemble de l'humanité. Les vérificateurs de faits, selon lui, ne disent que des mensonges. C'est certainement le cas de DPA Factchecking, qui a récemment publié une "réfutation" tout aussi inepte et trompeuse de l'étude espagnole qui a découvert de l'oxyde de graphène dans le vaccin Pfizer : "Si ce n'est pas dans la notice, ce n'est pas dans la notice.

En effet, la confiance aveugle des médias envers Big Pharma, qui a déjà dû payer des millions de dollars de dommages et intérêts au fil des ans pour avoir causé la mort de plusieurs milliers de personnes malades et handicapées, et pour avoir fourni des informations erronées et trompeuses sur la soi-disant "sécurité" de leurs "vaccins", est apparemment si grande que la principale raison pour laquelle des rapports et des études critiques sont qualifiés de "faux" ou de "mensongers" est "parce que ce n'est pas dans la notice".

Oxyde de graphène

C'est littéralement ce qui ressort de la vérification des faits effectuée par DPA à la suite des informations selon lesquelles des scientifiques espagnols ont trouvé de l'oxyde de graphène dans le vaccin Pfizer (voir notre article du 05-07 : Des scientifiques universitaires espagnols découvrent des nanoparticules d'oxyde de graphène dans le vaccin Pfizer). Puisque de l'oxyde de graphène a également été trouvé dans un échantillon du vaccin AstraZeneca, les scientifiques et les journalistes honnêtes devraient au moins exiger une enquête plus approfondie à ce sujet, d'autant plus que l'utilisation de l'oxyde de graphène dans les vaccins et les médicaments est sérieusement étudiée depuis des années. Une combinaison de PEG mRNA en couche avec de l'oxyde de graphène pourrait technologiquement déjà être utilisée dans les vaccins.

L'oxyde de graphène, qui est principalement utilisé dans les filtres à CO_2 et les appareils électroniques tels que les téléphones cellulaires, les émetteurs 5G et les panneaux solaires, est loin d'être considéré comme sûr pour une utilisation de masse dans les produits médicaux et autres produits destinés aux humains en raison de sa toxicité. Le graphène est également utilisé pour filtrer les virus, les bactéries et les produits chimiques des liquides, et a été découvert au Canada au début de l'année dans les fameux protège-dents bleus. Ces spécimens ont immédiatement été interdits dans les écoles en raison du danger avéré d'inhalation et des lésions pulmonaires qui en découlent. Entre-temps, pas moins de 31,1 millions de ces protège-dents avaient été distribués.

Si l'on soupçonne que des produits alimentaires vendus en supermarché ont pu être contaminés par une certaine substance susceptible de provoquer des réactions allergiques, par exemple (et qui ne figure pas non plus sur l'étiquette), ces produits sont immédiatement retirés du marché par mesure de précaution, et les consommateurs sont invités à ne pas les utiliser et à les rapporter au magasin. Alors pourquoi ne fait-on pas cela avec ces vaccins ? Après tout, c'est une équipe scientifique de l'université d'Almeria qui a découvert l'oxyde de graphène dans un vaccin Pfizer. Pourquoi le gouvernement n'a-t-il pas effectué de nombreux autres contrôles ponctuels juste après cela ?

Et à quand remonte la dernière fois où vous avez acheté des fruits ou des légumes portant un autocollant contenant des ingrédients tels que les enrobages comestibles spéciaux utilisés pour garder les produits

frais plus longtemps et/ou pour préserver leur couleur ?
En bref, tous les ingrédients, loin s'en faut, doivent être
divulgués aux consommateurs. Il y a quelques années,
un bon contact nous a appris que les carottes emballées
que vous achetez au supermarché sont si sucrées parce
qu'elles sont "injectées" (/enrobées) d'un édulcorant
spécial qui ne doit PAS être divulgué sur l'emballage.

**La vérification des faits par Reuters : un "charabia
risible".**

L'agence de presse Reuters a affirmé dans un article de
"vérification des faits" que le Dr Yeadon a utilisé "un
mélange d'hommes de paille et de fabrication" lorsqu'il
a déclaré que la propagation asymptomatique est un
mensonge, et que le concept de variantes utilisé est
"idiot". En effet, il a toujours été incontesté dans le
monde scientifique que les infections asymptomatiques
n'existent pas - jusqu'à ce que 2020 se lève, et que tous
les principes scientifiques dominants, y compris
l'immunité naturelle de groupe, soient soudainement
jetés à la poubelle, et remplacés par des raisonnements
absurdes frisant la folie, sans parler de la propagande
mensongère pure et simple.

La réponse de Yeadon : Il existe un article fantastique
évalué par les pairs qui montre que l'infection
domestique dans les cas asymptomatiques était en fait
nulle. Et je peux montrer plusieurs bons articles
montrant que les cellules T dans les cas convalescents
ou immunodéprimés reconnaissent TOUTES les

variantes connues précédemment, comme on pouvait
s'y attendre sur la base des principes fondamentaux de
l'immunologie. Les bêtises de leur article sur les
anticorps sont risibles".

**Les personnes qui qualifient ces vaccins de sûrs sont
des "crétins".**

Une fois de plus, l'ancien directeur général et
responsable scientifique de Pfizer ne cache pas sa
colère face à ce qui se passe. Les personnes qui
prétendent que ces soi-disant vaccins sont "sûrs", il les
traite littéralement de "crétins". En effet, même les
chiffres officiels occidentaux (VAERS, carton jaune et
EMA) montrent que ces injections provoquent une
véritable hécatombe sans équivalent dans l'histoire de
la médecine. L'EMA aurait pu le savoir, mais elle a
ignoré tous les appels ouverts et les avertissements des
scientifiques selon lesquels ces "vaccins" vont
provoquer des caillots de sang chez la plupart des gens,
et devraient donc être retirés immédiatement.

Injecter des femmes enceintes à Yeadon est encore plus
consternant. Personne de sensé ne donne de
traitements expérimentaux à des femmes enceintes.
C'est imprudent, d'autant plus que les tests de
reproduction sont incomplets". En effet, ceux-ci n'ont
pas été réalisés l'année dernière pour ces injections,
comme le précise d'ailleurs la notice de Pfizer.
Récemment, des chiffres choquants sont apparus : pas
moins de 82% d'un grand groupe de femmes enceintes

vaccinées avaient subi un avortement spontané après la vaccination.

Des tests ont pourtant été effectués récemment sur des souris. Les chercheurs ont découvert "une concentration particulièrement inquiétante" de substances vaccinales dans les ovaires. Un article très récent a montré que quelques jours après la vaccination, les jeunes femmes produisent des anticorps contre la syncytine-1, une protéine cruciale pour le succès d'une grossesse.

En décembre 2020, Yeadon et d'autres scientifiques ont soumis une autre pétition à l'EMA, soulignant la réactivité croisée entre la protéine spike et la syncytine-1 humaine. Les événements actuels le confirmant, le risque d'infertilité massive chez les femmes et les jeunes filles vaccinées devrait faire la une des journaux partout.

Les politiciens devraient être poursuivis pour crimes contre l'humanité".

Yeadon qualifie toute la campagne de vaccination de "canular". Le nombre de décès dus aux vaccins aux États-Unis et dans l'Union européenne s'élevait récemment à environ 27 000, et le nombre de personnes ayant subi des dommages graves (souvent permanents) à leur santé s'élève déjà à plusieurs centaines de milliers. Où sont les protestations populaires contre cela ? Où sont les parlementaires qui

posent des questions critiques sur ce scandale médical
de loin le plus important de tous les temps ?

Les politiciens et les institutions qui imposent
aujourd'hui ces vaccins avec une force croissante
"devraient tous être enfermés dans un établissement
de haute sécurité", poursuit Yeadon. Rien qu'en
Grande-Bretagne, selon lui, une douzaine de
personnalités publiques pourraient être arrêtées
immédiatement et poursuivies comme des criminels.

Parce que dans la plupart des pays, il se passe la même
chose qu'en Grande-Bretagne - et parfois pire - "ce
fléau est une tromperie d'une ampleur sans précédent,
et des crimes contre l'humanité sont commis à une
échelle gigantesque", estime l'ancien vice-président de
Pfizer. En juin, il a accusé les gouvernements et leurs
conseillers qui ont fait passer ces vaccins de "meurtre
de masse".

Chapitre 6 : Infections vaccinales ?

Pfizer reconnaît l'excrétion de substances vaccinales potentiellement dangereuses d'une personne à l'autre par l'intermédiaire de l'haleine et du contact avec la peau.

Une étude réalisée par Pfizer, le plus grand fabricant de "vaccins" contre le virus Covid-19, met en garde contre le fait que les personnes vaccinées peuvent transmettre certains composants du "vaccin" à d'autres personnes simplement en ayant un contact personnel avec elles. Les femmes enceintes et leur enfant à naître ou nouveau-né sont donc en danger. Une fois de plus, cela montre que l'excrétion de substances vaccinales potentiellement dangereuses, telles que les protéines de pointe, dont nous avons parlé à plusieurs reprises cette année, n'est absolument pas une théorie du complot.

L'exposition à l'intervention de l'étude pendant la grossesse ou l'allaitement et l'exposition professionnelle doivent être signalées à Pfizer Safety dans les 24 heures suivant la révélation à l'investigateur", indique le document sur l'étude clinique menée.

L'intervention de l'étude fait référence à l'injection de l'ARNm Covid. Après tout, c'est sur cela que porte l'étude. L'expression "exposition" ne signifie pas injection / "vaccination", mais le fait qu'une personne qui n'a PAS reçu d'injection s'approche physiquement d'une personne qui en a reçu une. En outre, il peut également s'agir d'une personne non injectée qui touche le liquide d'un flacon de vaccin.

Danger pour les femmes enceintes et allaitantes, ainsi que pour leurs bébés.

Dans cette étude particulière, il s'agit de femmes enceintes ou allaitantes qui n'ont pas reçu d'injection, par exemple, un travailleur dans un laboratoire ou un centre d'essais où les injections de Covid sont administrées. Si CELA se produit, Pfizer appelle cela une " situation de sécurité ", un incident de sécurité qui doit être signalé dans les 24 heures.

En résumé, une employée de laboratoire enceinte ou allaitante qui s'approche d'une personne vaccinée doit le signaler dès que possible. Pourquoi ? Clairement parce qu'il y a un danger pour son enfant à naître ou son nouveau-né, à qui ce danger peut être transmis par le lait maternel.

Il suffit donc à une telle femme de s'approcher de quelqu'un qui a déjà reçu le "vaccin". Rien de plus. Cela signifie qu'il peut y avoir un transfert de composants du "vaccin" d'une personne à l'autre, ce que Pfizer reconnaît comme pouvant être un DANGER pour les femmes enceintes et allaitantes et leurs bébés.

D'après le document, "Une EDP (Exposition au vaccin pendant la grossesse) se produit lorsqu'un participant masculin qui reçoit ou a cessé de recevoir l'intervention de l'étude expose une partenaire féminine avant ou pendant la période de conception. (gras ajouté)

Ainsi, un homme vacciné qui se rapproche physiquement de sa partenaire non vaccinée - et il n'est même pas nécessaire d'avoir des rapports sexuels - présente également une situation dangereuse pour la femme qui va avoir un enfant, qui veut avoir un enfant ou qui vient d'avoir un enfant, et pour l'enfant lui-même. Il y a donc un risque de dommages graves, de maladies ou de fausses couches par le simple transfert de particules de "vaccin" d'une personne injectée à une personne non injectée.

Contamination après inhalation ou contact avec la peau

Le document de Pfizer donne un exemple de situation dangereuse qui doit être signalée immédiatement : "Un membre féminin de la famille ou un soignant signale qu'elle est enceinte après avoir été exposée à l'intervention de l'étude par inhalation ou par contact cutané...".

Le "contact étroit" inclut donc l'inhalation de substances vaccinales exhalées. Vous pouvez également être infecté par celles-ci par simple contact. Et non, cela ne s'applique pas seulement aux personnes qui travaillent dans les laboratoires, les lignes de test ou les hôpitaux. Pfizer parle en général de PERSONNES, dont l'une a été vaccinée et l'autre non, et du transfert de particules de "vaccin" d'une personne à l'autre.

Que vous appeliez cela "transfert", "excrétion" ou "infection" n'a pas d'importance. Ce n'est pas pour rien que Pfizer prévient qu'une telle situation doit être signalée au service de sécurité dans les 24 heures. L'entreprise savait donc à l'avance que son produit pouvait causer des dommages aux femmes enceintes, à celles qui veulent le devenir, à celles qui allaitent, ET aux enfants à naître ou nés eux-mêmes. Les gouvernements étaient également conscients de ce danger ; voir par exemple notre article du 8 juin : L'Allemagne restreint le droit fondamental à l'intégrité physique et approuve l'exhalation de protéines d'épi par les personnes vaccinées ** (/ (/ L'exhalation de protéines d'épi par les personnes vaccinées était déjà connue des autorités allemandes l'année dernière, mais elle était cachée au public).

*(** Pour mémoire, les protéines de pointe ne sont pas DANS les injections, mais sont produites dans le corps PAR les injections).*

Quelqu'un pourrait toujours faire valoir qu'une femme enceinte peut avoir été en contact avec une personne vaccinée pendant la vaccination et que certaines gouttelettes de l'aiguille ont pu tomber sur sa peau. Toutefois, cela est hautement improbable. Pfizer ne mentionne pas de période dans le document, mais se contente d'exposer le scénario selon lequel l'homme A) a été vacciné, et B) a eu un contact étroit avec une partenaire féminine à un moment donné. Cela aurait pu être des jours ou même des semaines plus tard. Toute gouttelette répandue aurait alors disparu depuis longtemps.

82% d'avortements spontanés après une injection Pfizer

La notice d'emballage et les instructions de soins largement discutées sur ce site indiquaient sans équivoque que le vaccin Pfizer ne devait PAS être administré aux femmes enceintes, aux femmes qui ont l'intention de devenir enceintes dans un court laps de temps et aux femmes qui allaitent. Cependant, cela a été fait dès le départ dans le monde entier, en partie parce que Pfizer a annulé les avertissements initiaux pour des raisons peu claires.

Les conséquences de cette situation ont été récemment observées dans le cadre d'une autre étude scientifique : pas moins de 82% des 127 femmes étudiées qui se trouvaient dans leurs 20 premières semaines de grossesse et qui avaient néanmoins reçu une injection, ont subi un avortement spontané.

Une attaque aux armes biologiques pour la survie de l'humanité ?

Ce qui précède ne s'applique pas seulement au vaccin
Pfizer ; il y a quelques mois, le cofondateur de Moderna
et co-développeur de la technologie ARNm a reconnu
que les personnes vaccinées peuvent effectivement
"excréter" des substances vaccinales telles que la
protéine Spike dans leur environnement.

Malgré ces faits choquants, la quasi-totalité des
hommes politiques du monde entier imposent ces
injections à leurs populations par des mesures toujours
plus coercitives, et veulent en administrer encore plus, y
compris à des enfants toujours plus jeunes.

Les indices s'accumulent pour indiquer que nous
pourrions être confrontés à une attaque directe par des
armes biologiques pour la survie de l'humanité. Une
attaque qui a en fait été ouvertement annoncée par des
mondialistes tels que les Rockefeller, Ted Turner et Bill
Gates, qui n'ont jamais caché qu'ils pensaient qu'il y
avait beaucoup trop de gens sur cette planète et que
quelque chose devait être fait pour "éliminer" la grande
majorité.

Chapitre 7 : Pas d'échappatoire ?

Un membre du gouvernement canadien a dévoilé une feuille de route mondiale vers un communisme totalitaire en octobre 2020 dans lequel personne ne possède rien et où tout le monde doit être vacciné obligatoirement !

Encore un pays qui confirme une tendance particulièrement inquiétante : après le début de la campagne de vaccination Covid-19, le nombre de malades et de morts explose à Taïwan. La même chose s'est déjà produite en Inde, au Chili et aux Seychelles, entre autres, où l'on a distribué plus de vaccins (AstraZeneca) que de personnes vivantes, après quoi il y a eu 146 fois plus de décès en 4 mois que de corona l'année dernière. Et comme nous l'avions prédit depuis si longtemps, les autorités refusent de désigner les vaccins comme la cause, même si le lien statistique est évident. Mais les "vaccins" - pardon : la thérapie/manipulation génétique expérimentale - sont désormais déclarés intouchables et sacro-saints, et on prétend donc bel et bien que c'est dû à une mutation.

Taiwan s'est débarrassé de la couronne au début de cette année. Le Covid-19 n'a pratiquement plus tué personne, il n'y a plus eu de malades et la vie a repris son cours normal - à l'exception des misérables masques buccaux, qu'il fallait encore porter dans les lieux publics. On ne peut qu'en deviner la raison, car il n'y avait pas de raison médicale.

Malgré le fait que l'énième virus respiratoire soit sous contrôle, le gouvernement a tout de même lancé une campagne de vaccination massive. Celle-ci a démarré très lentement à la mi-mars, mais à partir de mai, le nombre de personnes se faisant injecter des manipulations expérimentales d'ARNm/ADN a soudainement explosé.

EXACTEMENT à ce moment-là, le nombre de "cas" et de décès a également explosé.

Un membre du gouvernement canadien a révélé une feuille de route vers le communisme totalitaire en octobre.

L'animateur de radio américain Hal Turner cite une lettre ouverte d'octobre 2020 d'un membre du gouvernement canadien, que nous avions également publiée à l'époque. Voici à nouveau les parties les plus importantes de cette lettre :

Je veux vous donner des informations très importantes. Je suis membre d'un comité du Parti libéral du Canada. Je siège dans divers groupes de comités, mais les informations que je donne proviennent du Comité du plan stratégique (qui est contrôlé par le cabinet du Premier ministre)". Il s'agit du bureau du Premier ministre de gauche Justin Trudeau, dont le parlement s'est donné un pouvoir illimité et un mandat illimité sans élection tant qu'il y a une "pandémie". Trudeau est ainsi devenu le premier dictateur de facto du Canada.

Ils ont fait savoir très clairement que rien ne peut arrêter le résultat prévu. La feuille de route et les objectifs ont été établis par le Premier ministre et sont les suivants :" (période prévue : fin 2020 - fin 2021)

* "Introduisez progressivement les secondes restrictions de confinement. Commencez par les grandes zones urbaines, puis élargissez ;

* Obtenir ou construire des installations d'isolement dans chaque province à un rythme rapide ;

Augmentation rapide du nombre de nouveaux "cas Covid" et de "décès Covid", de sorte que la capacité de test n'est plus suffisante ;

* Deuxième lockdown complet et total en 2021, qui est beaucoup plus sévère que le premier au printemps 2020 ;

Présenter la mutation ou la "réinfection" prévue du Covid-19 avec un deuxième virus (éventuellement appelé Covid-21 (ou peut-être SARS-3 ou MERS-CoV)), conduisant à une TROISIÈME vague avec un taux de mortalité beaucoup plus élevé et un taux d'infection encore plus élevé ;

* Le système de santé est inondé de patients atteints de Covid-19 / Covid-21 ;

* TROISIÈME verrouillage avec des mesures encore plus strictes, comme l'arrêt complet de TOUS les déplacements (deuxième/troisième trimestre 2021) ;

* Mettre en place un revenu de base universel (pour les dizaines de millions de nouveaux chômeurs qui perdront définitivement leur emploi à cause de cette politique. Ce RBI sera entièrement numérique, vous permettant seulement de rester en vie et de regarder la télévision) ;

* Les lignes d'approvisionnement s'effondrent, pénuries majeures (magasins, supermarchés, en ligne, etc.), instabilité économique majeure, suivie par le chaos, la panique et la dislocation totale ;

Déployer l'armée et établir des points de contrôle sur toutes les routes principales. Les déplacements sont en permanence extrêmement limités (uniquement par laissez-passer/permission). (Troisième / quatrième trimestre 2021).

En fonction de la situation géopolitique, le calendrier pourrait encore changer (par exemple, 2021 pourrait aussi être 2022 ou 2023), mais "on nous a dit qu'afin d'initier cet effondrement économique réel à l'échelle internationale, le gouvernement fédéral va offrir aux Canadiens une annulation totale de la dette". Mais cela a un prix très élevé : quiconque le réclame renonce pour toujours à tous les droits à toutes les formes de propriété, et s'engage à prendre tous les vaccins proposés.

Dans un premier temps, les réfractaires devront vivre indéfiniment sous des restrictions très strictes, et donc rester chez eux en permanence. Mais cela ne durera qu'une courte période, car une fois que la majorité des citoyens auront fait la "transition" (vers l'esclavage permanent dans le cadre d'un système de contrôle global totalitaire communiste et transhumaniste), "les réfractaires seront considérés comme une menace pour la sécurité publique et transférés dans des installations d'isolement.
Ou, en d'autres termes, dans des camps de concentration.

Là, on leur donnera une dernière chance de "participer" au programme et de se faire injecter tous les vaccins. Dans le cas contraire, ils resteront définitivement enfermés et perdront tous leurs biens et leurs droits. En fin de compte, le Premier ministre a laissé entendre que l'ensemble de ce programme sera mis en œuvre, que nous soyons d'accord ou non. Et cela ne se passe pas seulement au Canada. Tous les pays auront des feuilles de route et des agendas similaires. Ils veulent profiter de la situation pour opérer des changements à grande échelle" (une remise à zéro financière avec la monnaie mondiale du FMI, le "Great Reset", "Build Back Better", l'Agenda 2030 des Nations Unies, le "Green New Deal").

Après l'effondrement économique provoqué à dessein, beaucoup des dizaines de millions de chômeurs adeptes du système seront avides d'un emploi en chemise brune au sein du gouvernement, après quoi ils imposeront le scénario ci-dessus à leurs concitoyens involontaires avec une cruauté impitoyable. Les amis, les voisins, les collègues, la famille et les proches, les étudiants et les écoliers se trahiront les uns les autres "pour le plus grand bien", et seront heureux que les "menaces pour leur santé" soient définitivement écartées. (Voir aussi : C'est ainsi que le Reichsmarschall Göring a fait dire au peuple : "Faites-leur peur et dites-leur que les réfractaires sont un danger") et la politique Corona déchire les familles et les amis, exactement comme cela se faisait en RDA).

C'est précisément parce que la plupart des gens refusent encore de croire que cela ne peut et ne veut plus se produire, que nous sommes plus civilisés de nos jours et que nous ne commettrons plus jamais de telles atrocités, que cela menace de se reproduire. La seule chose qui puisse arrêter tout ce processus, ce plan perfide préconçu, est une prise de conscience massive, suivie d'un NON massif (mais nous le répétons : définitivement non-violent !).

Chapitre 8 : Affamer les non-vaccinés ?

Pourquoi les politiciens veulent-ils des vaccinations à 100% ? Parce qu'il n'y a plus de groupe de contrôle pour prouver que la vague imminente d'effets indésirables, de caillots sanguins, de maladies immunitaires, d'infertilité et de décès est causée par ces injections ?

Pourquoi les politiciens veulent-ils des vaccinations à 100% ? Parce qu'il n'y a plus de groupe de contrôle pour prouver que la vague imminente d'effets indésirables, de caillots sanguins, de maladies immunitaires, d'infertilité et de décès est causée par ces injections ?

Le "ne pas pouvoir acheter ou vendre" annoncé dans la Bible sans la piqûre de "la Bête" se rapproche de plus en plus, car les dirigeants de la chaîne de propagande mondialiste CNN prônent ouvertement l'exclusion des non-vaccinés de toute la société, et veulent même leur interdire l'accès aux supermarchés. Aux Philippines, c'est ce qu'a décidé le président Duterte. Le vaccin n'est pas obligatoire, mais si vous ne le prenez pas, vous pouvez littéralement dépérir et mourir de faim.

Beaucoup de gens ne seront pas d'accord avec cela, mais sans vaccin, vous ne pouvez pas aller au supermarché", déclare le tristement célèbre Don Lemon, à la une de CNN. Sans vaccin, impossible d'aller à un match. Sans vaccin, impossible d'aller au travail. Pas de vaccin, alors tu ne peux pas venir ici. Pas de chemise, pas de chaussures, pas de service", en référence aux codes vestimentaires en vigueur dans les restaurants, les magasins et les entreprises.

Lemon pense que nous "devrions déjà l'avoir", car, selon lui, c'est un gaspillage d'efforts de convaincre les personnes critiques. Ils tournent en rond, ils continuent à dire que c'est leur liberté, que c'est n'importe quoi, "je suis libre". Lemon utilise ensuite le même raisonnement fallacieux et dangereusement déformé selon lequel vous n'êtes pas libre d'"infecter" les autres avec une maladie (supposée), et que les gens mettent également de l'alcool et d'autres choses dans leur corps "qui sont bien pires qu'un vaccin".

Le corps d'un autre être humain est TOUJOURS inviolable.

Oui, Don, mais ils le font volontairement. Personne ne vous refuse le droit de vous faire injecter cette thérapie génique expérimentale dans votre corps, au risque de votre santé et de votre vie. Alors pourquoi voulez-vous refuser aux autres le droit de ne pas participer ? Juste parce que vous pensez que vous êtes "plus en sécurité", alors que même les données officielles montrent qu'il n'y a aucune différence entre le fait d'avoir reçu les injections ou non, et que les autorités se donnent maintenant beaucoup de mal pour dissimuler le fait que les vaxxers deviennent beaucoup plus faibles et plus vulnérables en conséquence ?

Ni Don Lemon ni les autres esclaves salariés des médias grand public n'ont le droit de violer le corps des autres sous la menace de leur retirer l'accès à la nourriture et au travail. Le simple fait de suggérer que le gouvernement a (ou devrait avoir) ce droit fait de Lemon un fasciste, un ennemi national, quelqu'un qui représente une menace très réelle pour nos droits civils", commente Mike "Natural News" Adams. Les fascistes médicaux se sentent autorisés à montrer leur vrai visage".

Vous pensez toujours que le temps ne reviendra jamais et qu'il va même s'aggraver, comme nous l'écrivons depuis des années ? En Europe, nous avons déjà vu passer sur les médias sociaux des messages encore plus fascistes que le viol médical que préconise Don Lemon. Par exemple, certains compatriotes préconisent littéralement de mettre les personnes non vaccinées contre le mur ou de les gazer "comme les Juifs".

Crimes contre l'humanité

Légalement, si quelqu'un essaie d'insérer un objet pointu dans votre corps contre votre volonté, il y a intention de vous causer des dommages corporels graves, voire tentative de meurtre. Selon le code de Nuremberg, adopté après la Seconde Guerre mondiale, les gens ne devraient jamais être forcés de participer à des expériences et des traitements médicaux. Les "vaccinations" obligatoires - en l'occurrence des injections expérimentales de manipulation génétique présentées comme des "vaccins" - constituent donc directement un crime grave contre l'humanité, une tentative de meurtre de masse, un génocide.

À mon avis, cela s'applique également aux injections non obligatoires actuelles, car les gens sont persuadés, sous de faux prétextes et à l'aide de désinformation et de mensonges, de recevoir ces injections dans le bras, et la politique, les médias et la société exercent une énorme pression pour qu'ils y participent.

Quiconque, pour quelque raison vertueuse, humaine ou "scientifique" que ce soit, est prêt à sacrifier ne serait-ce qu'une seule vie innocente, est en son âme et conscience un fasciste égoïste n'ayant aucun respect pour la valeur des autres vies humaines. Après tout, ce genre de pensées et d'attitudes a également rendu l'Holocauste possible, car si vous êtes prêt à en sacrifier une pour vous sentir en sécurité, pourquoi pas 10, 1000, un million, un milliard ?

Ces vaccins ne sont pas destinés à la santé publique, mais à un contrôle total.

Le célèbre analyste américain indépendant Brandon Smith est désormais convaincu que la seule raison de cette campagne de vaccination massive est de parvenir à un contrôle total de l'humanité. Pour replacer cela dans une perspective prophétique, il s'agit d'introduire le "signe de la Bête" prédit dans la Bible, sans lequel personne ne pourra "acheter ou vendre".

Pourquoi veulent-ils des vaccinations à 100 % ?
Pourquoi veulent-ils nécessairement que chaque
personne dans le monde reçoive l'injection d'ARNm ?"
écrit Smith. L'IFR moyen de Covid n'est que de 0,26%
(récemment ajusté par l'OMS à 0,15% - X.), ce qui
signifie que 99,7% du public n'est PAS en danger, qu'il
soit vacciné ou non... Ces vaccins ne sont donc PAS là
pour la santé publique, ni pour sauver des vies. Ils sont
très majoritairement là pour autre chose".

Les médias grand public et les mondialistes prétendront
qu'il n'y a "aucune preuve" que l'ARNm provoque des
effets secondaires mortels ou l'infertilité. À cela, nous
répondons qu'il n'y a AUCUNE PREUVE que les vaccins
sont sûrs. La plupart des vaccins sont testés sur une
période de 10 à 15 ans avant d'être utilisés par le public.
Les vaccins Covid ont été introduits en quelques mois.
Vraiment, nous n'avons aucune envie d'être utilisés
comme cobaye pour un vaccin non testé".

**Les personnes non vaccinées seront la preuve de leur
crime".**

Mais si l'élite savait exactement quels seront ces effets
secondaires ? Et si ces vaccins étaient un élément clé de
leur 'Grande Réinitialisation' ? Dans mon esprit, une
infertilité de masse est en train d'être mise en scène,
pour laquelle le Covid (ou une variante) sera accusé,
plutôt que les vaccins expérimentaux. C'est pourquoi
l'establishment veut un taux de vaccination de 100% ;

après tout, les personnes non vaccinées seraient la preuve de leur crime." (Voir aussi notre article du 11 janvier : Vaccins ARNm : le génie génétique est dangereux car il peut provoquer l'infertilité).

Si des millions de personnes ne sont pas vaccinées au cours des prochaines années, elles formeront un groupe de contrôle substantiel et indiscutable... Si les personnes vaccinées tombent malades ou meurent de maladies spécifiques, et que le groupe de contrôle n'en souffre pas, c'est un signal assez fort indiquant que votre vaccin ou votre médicament est un poison... Si quelque chose ne va pas avec les vaccins, alors nous en serons la preuve. Nous soupçonnons que c'est ce dont l'élite a vraiment peur".

Ils doivent nous forcer à nous faire vacciner aussi - nous tous, de sorte qu'il n'y ait pas de groupe de contrôle et aucune preuve de ce qu'ils ont fait. Ils pourront alors simplement blâmer Covid pour les problèmes de santé massifs, ou un autre coupable bidon' (Voir aussi notre article du 21 juin : Utopie : le film de 2019 prédit une pandémie et des vaccins stérilisant secrètement la population mondiale) / Résultats choquants d'une étude scientifique sur des centaines de femmes enceintes : Après la vaccination Covid 82% d'avortements spontanés dans les 20 premières semaines de grossesse).

Si les vaccins sont un cheval de Troie provoquant une maladie ou une stérilité généralisée, et que les mondialistes sont pris en défaut parce qu'il existe un groupe de contrôle, cela signifiera une révolte totale contre eux, avec cordes et pieux. Leur "grande réinitialisation" s'effondrera. Ce qui, d'ailleurs, compte tenu des nombreuses manifestations et de l'énorme réaction contre les passeports vaccinaux, semble devoir se produire de toute façon.

Qui gagnera cette fin de partie ? Les mondialistes ou l'humanité ?

Les mondialistes ont mis en marche un jeu final. Cela pourrait signifier la fin du jeu pour nous, mais aussi pour eux. Ils ont un calendrier strict. Ils doivent parvenir à une couverture vaccinale de 100 % dans les prochaines années ou plus tôt, mettre en place leurs passeports vaccinaux et imposer des blocages permanents pour étouffer le mécontentement croissant.''

Nous sommes engagés dans une course (contre la montre) dans laquelle les mondialistes doivent faire passer leur programme le plus rapidement possible, et nous devons résister et les retenir aussi longtemps que possible, jusqu'à ce que les masses commencent à voir la vérité, à savoir que les fermetures, les obligations et les vaccins n'ont jamais eu pour but la sécurité, mais toujours le contrôle - du contrôle social au contrôle de la population".

Et si ces injections font effectivement ce que de nombreux scientifiques et experts indépendants ont mis en garde depuis l'année dernière, alors le contrôle de la population n'est que le moyen d'atteindre la grande fin souhaitée par ce culte mondial communiste du climat et des vaccins, auquel la quasi-totalité de la politique néerlandaise semble avoir plié les genoux : l'extermination de la population, à une échelle qui éclipsera complètement les 100 à 150 millions de victimes d'Hitler, de Staline et de Mao réunis.

Chapitre 9 : Des nouvelles de 2009 ?

Ceci est un flashback d'un article de 2009 discutant de la possibilité que le "signe de la bête" prédit dans la Bible pourrait bien consister en une série de vaccinations obligatoires avec des ingrédients dont le véritable effet et le but ne seront révélés que lorsqu'il sera trop tard pour tout le monde. Au fil des ans, nous avons écrit des centaines d'articles sur ces sujets, dont un que nous mettons à nouveau en lumière.

Cet article, lui aussi datant de 2009 (19 octobre), était intitulé "L'ordinateur BEAST à Bruxelles prêt à être activé".

Injection avec une nanopuce prévue il y a 12 ans ?

Le 19 octobre 2009 : L'un des lanceurs d'alerte les plus connus d'Amérique, Steve Quayle (disons la "version chrétienne" d'Alex Jones), s'adresse cette semaine à ses lecteurs dans un avertissement personnel plutôt rare. Au cours des dernières 24 heures - j'écris ceci le 15 octobre - nous avons reçu la confirmation d'une source asiatique que l'arme biologique contenant la nanopuce située dans la pointe de l'aiguille hypodermique est prête, et fait partie du système de superordinateur en Europe centrale.

Bien que cela ressemble à un film de science-fiction, c'est malheureusement la réalité. En Belgique (Bruxelles) se trouve le BEAST (Beast) - Biometric

Encryption And Satellite Tracking-, qui est parfaitement prêt à être activé le jour où chaque être humain vivant sera forcé d'accepter le 'Signe de la Bête', afin d'être admis dans le Nouvel Ordre Mondial".

J'appelle les vaccins antigrippaux génétiquement modifiés, qui sont maintenant imposés au public par une opération psychologique qui ferait l'envie des plus grands tyrans qui aient jamais vécu, "le virus Lucifer" (lett. souche = lignée, nature, variante), parce que ces vaccins ont un côté bien plus maléfique que la plupart des gens peuvent comprendre.

'Il y a dix ans, il était écrit que la machine à tuer idéale serait un vaccin génétiquement modifié et altéré, administré de force à la population mondiale sous prétexte de l'"aider". Je soutenais également que l'armée américaine serait délibérément détruite, non seulement par nos ennemis, mais aussi par les traîtres de notre propre gouvernement, par l'injection d'une arme biologique en deux parties à nos soldats, la seconde injection s'avérant être le coup fatal."

Les médias nous ont appris que l'armée allemande recevait un vaccin différent de celui de la population civile ordinaire (un vaccin sans adjuvants extrêmement nocifs). Nous avons également appris qu'aux États-Unis, les unités militaires privées - les mercenaires - recevront un "vaccin sûr", différent du vaccin qui sera administré aux personnes ordinaires et aux soldats de l'armée. Cependant, il est contraire à la Convention de Genève d'utiliser des personnes comme cobayes. Pour cette raison, de nombreux médecins nazis ont été condamnés à mort."

La période la plus dangereuse de l'histoire est arrivée

La période la plus dangereuse de toute l'histoire est arrivée. Ne laissez pas ces monstres vous détruire, vous, vos enfants, votre avenir et vos vies. Faites vos devoirs. Lisez tout ce que vous pouvez trouver sur les vaccins, soyez indigné, posez les bonnes questions à toutes les autorités. Portez plainte, écrivez des lettres, participez à des émissions de radio et de télévision. Faites quelque chose ! Faites tout ce que vous pouvez légalement et moralement faire, car sinon vous risquez de vous retrouver définitivement à l'horizontale".

M. Quayle a préparé les lecteurs de son site web (plus de 90 millions de visites par an) à un "écran rouge" la semaine dernière, car il s'attend à ce que le gouvernement américain retire tous les sites d'information alternatifs de l'antenne au "moment opportun".

Selon Quayle, ce "bon moment" pourrait être inauguré, par exemple, par un effondrement financier total, une "attaque" nucléaire, une attaque EMP qui couperait définitivement toute électricité, une guerre au Moyen-Orient ou une catastrophe naturelle massive telle qu'un très grand tremblement de terre dans le Midwest ou un méga-tsunami sur l'une des côtes américaines.

À notre avis, cet avertissement doit être considéré à la fois sérieusement et sobrement. Il est clair que "quelque chose" est sur le point de se produire, mais comment, où et quand, cela ne peut être que spéculé à l'heure actuelle sur la base d'indices et de développements.

Le virus Lucifer

31 juillet 2021 : La " pandémie " hypocrite de grippe porcine en 2009 s'est avérée rétrospectivement plus faible qu'une grippe saisonnière normale, et a été une sorte de répétition générale de ce qui se passe dans le monde entier depuis 2020, toujours sous le couvert d'un virus respiratoire (supposé) avec un IFR de seulement 0,15%, et 0,05% (= la moitié d'une grippe saisonnière typique) si vous avez moins de 70 ans.

Quayle a appelé un vaccin génétiquement modifié le "virus Lucifer" parce que "ces vaccins ont un côté beaucoup plus malin que la plupart des gens peuvent contenir". Comme chacun le sait, les vaccins Covid-19 ne sont en réalité pas des "vaccins" mais des injections de manipulation génétique par ARNm, un fait qui a été ouvertement annoncé dans le Journal officiel l'année dernière.

Récemment, des scientifiques universitaires espagnols ont découvert de l'oxyde de graphène dans des vaccins Pfizer, ce qui n'est mentionné ni sur la notice ni dans les documents officiels de l'EMA. Les injections de Covid contiennent-elles des ingrédients "malveillants" encore plus cachés, comme de l'ARN/ADN étranger (manipulé) ? Depuis 2009, nous avons consacré des séries d'articles entières à cette possibilité. Dans un avenir proche, nous pourrions les porter à nouveau à votre attention avec un certain nombre de flashs récapitulatifs.

Étant donné que le gouvernement a également donné l'autorisation officielle de manipuler génétiquement vos enfants et vos petits-enfants au moyen d'injections expérimentales, il semble qu'il ne soit pas exclu que celles-ci contiennent également des substances et/ou des instructions d'ARNm qui codent votre corps pour autre chose que la raison officiellement déclarée, à savoir la création de la protéine de pointe du "nouveau" coronavirus.

Compte tenu du nombre énorme de décès et de maladies que les injections de Covid ont déjà officiellement provoqués - la partie émergée de l'iceberg, car la plupart des cas ne sont délibérément pas enregistrés - le terme "virus Lucifer", "vaccin Lucifer" ou "injection Lucifer" pourrait s'avérer tout à fait approprié, surtout si, dans les mois et les années à venir, des millions de personnes sont touchées par des caillots sanguins, des EIM et toutes sortes de maladies graves.

Le comportement confus des personnes vaccinées ?

Ces derniers mois, plusieurs contacts non vaccinés nous ont dit que certaines personnes vaccinées de leur entourage présentaient un "comportement étrange", notamment une forme d'absence et de léthargie, et ne pouvaient plus suivre ou comprendre des faits simples et des arguments logiques.

S'agit-il d'une simple coïncidence, d'une perception, ou peut-être du résultat des dommages causés aux globules rouges par les injections de Covid, qui réduisent la quantité d'oxygène transportée dans le corps ? Ou peut-être y a-t-il plus que cela, quelque chose d'attribuable à des ingrédients secrets ?

Un biocapteur nanotechnologique dans les vaccins Covid ?

Qu'un superordinateur "BEAST" ait été construit à Bruxelles ou non n'a aucune importance. Il y a quelques années, dans l'État américain de l'Utah, a été construit un centre de données monstrueux (UDC) qui fonctionne exactement comme un BEAST et contrôle une "grille d'information mondiale" dans laquelle sont stockées TOUTES les informations numériques publiques et personnelles de chaque citoyen du monde, les conversations, les courriers électroniques, les transactions, les paiements - jusqu'aux tickets de stationnement. Pour rendre cela possible, les ordinateurs de l'UDC atteignent une vitesse de 1 pétaflop (10 à la 15e puissance) de calculs par seconde.

69

(Il y a de fortes chances que cette vitesse soit bien plus élevée aujourd'hui).

Le 23 janvier 2013, un article intitulé : " L'UE veut introduire un système de surveillance totale des citoyens, comme les États-Unis " avec une référence à ce superordinateur BEAST (officiellement jamais reconnu) à Bruxelles : " Les citoyens de l'UE pourraient dans un avenir proche être secrètement équipés d'une nanopuce sous couvert de vaccinations contre, par exemple, une épidémie de grippe, ce qui leur permettrait d'être suivis et surveillés 24/7/365 par le système BEAST ".

Cela aurait-il pu devenir une réalité quelque 8 ans plus tard ? À cet égard, lisez notre article du 3 septembre 2020 : 'Biocapteur nanotechnologique 5G implantable dès 2021 dans les vaccins Covid-19' et considérez que le grand patron du WEF, Klaus Schwab, a annoncé dans son livre 'The Great Reset' un 'Internet des corps', et comme précurseur possible déjà dans les prochaines années veut introduire un bracelet électronique obligatoire, qui est en contact direct avec votre corps et qui, en plus de votre localisation et de votre activité, enregistre également votre santé, y compris si vous avez reçu ou non des 'vaccins'.

Sans "puce" / vaccination, vous ne serez bientôt plus autorisé à faire quoi que ce soit.

L'article sur le " GPS dans les smartphones précurseur de la puce implantée " (23 octobre 2013) l'explique comme suit : "Lorsque l'on considère qu'à l'avenir, sans puce électronique, nous pourrions ne plus rien pouvoir faire -ne plus pouvoir acheter, vendre, vivre, recevoir un salaire/des prestations, se voir refuser l'accès à tout endroit- alors refuser une telle puce semble devenir une tâche impossible pour la plupart des gens en effet.

Remplacez "puce électronique" par "vaccination" (passeport) et vous obtenez exactement ce que de plus en plus de politiciens dans le monde annoncent ouvertement et décident même déjà, comme le président philippin Duterte, qui a déclaré qu'il utiliserait la police pour garder les personnes non vaccinées enfermées en permanence chez elles.

Bizarrement, beaucoup sont encore dans un profond déni à ce sujet. Combien de preuves supplémentaires faudra-t-il pour que les gens réalisent que l'avenir totalitaire redouté dont nous les mettons en garde depuis 2008 est malheureusement en train de devenir une réalité ?

Chapitre 10 : La tyrannie fasciste de Covid

La France et d'autres pays occidentaux au bord des révolutions ? - Les nouveau-nés britanniques soumis à un test PCR obligatoire - L'Australie déploie l'armée ; "Sydney s'est transformée en camp de concentration" - Êtes-vous maintenant aussi "compromis au-delà de toute réparation" ?

Nous avertissons depuis de nombreuses années que les années 30 et 40 se répètent et risquent même d'être largement dépassées en termes d'horreur et d'inhumanité. C'était quelque chose que la plupart des gens ne pouvaient pas encore imaginer. Il est certain que d'ici la mi-2021, cela devrait avoir changé, alors que les gouvernements du monde entier imposent rapidement à leurs populations une tyrannie fasciste covide dure comme le roc. Cependant, ils ne peuvent le faire que parce que la majorité des gens - malgré l'énorme charge de preuves des mensonges et des tromperies constants - suivent encore aveuglément la propagande de la pandémie corona.

Italie : Manifestation contre le Pass Vert au parlement

En Italie, un certain nombre de membres de l'opposition ont manifesté au Parlement avec des pancartes sur lesquelles on pouvait lire "Dites NON au passeport vert". Pendant un moment, le chaos et la panique ont semblé régner. Dans ce pays du sud de l'Europe, de grandes manifestations pour la liberté contre les politiques de Covid ont lieu régulièrement, comme ce fut le cas à Milan.

Y aura-t-il encore de nouvelles élections ?

De nouvelles élections auront lieu en Allemagne le 26 septembre, et en France en juin 2022. Auront-elles quand même lieu ? Des rumeurs circulent selon lesquelles divers chefs de gouvernement réalisent qu'ils sont éliminés par les électeurs et parlent sérieusement de "suspendre" toutes les élections tant que cette "pandémie" existe, écrit l'économiste américain Martin Armstrong. Au Canada, un projet de loi a déjà été présenté en juin pour faire exactement cela et mettre ainsi fin à la démocratie. Il est également possible que les résultats des élections soient tout simplement falsifiés, comme cela s'est produit aux États-Unis à la fin de l'année dernière.

(Aux Pays-Bas, la démocratie est terminée depuis longtemps et un régime totalitaire intérimaire est au pouvoir qui, malgré son statut d'intérimaire, continue à prendre des décisions d'une très grande portée et est à peine contesté dans le processus. (Alors que de simples questions comme l'amélioration d'un carrefour sont déclarées "controversées" ! Vous parlez d'un monde à l'envers).

Les Français ont manifestement perdu toute foi en la politique. Lors des élections de juin, le parti de gauche-libéral du président Macron n'a obtenu que 10,9 % des voix. Le RN de Marine Le Pen a obtenu 19,1%, et les Républicains 29,3%. Un énorme 68% n'a pas pris la peine de voter. Le peuple n'est de toute façon jamais écouté, et les vraies décisions sont prises à Bruxelles (UE) et à Davos (Forum économique mondial).

Même Louis XVI, qui a été décapité, avait le soutien de plus de personnes que Macron. Compte tenu des cycles de panique qui apparaissent dans nos modèles électoraux en 2022, il ne s'agit clairement pas d'un problème domestique. La dernière fois que cela s'est produit, c'est lorsque Roosevelt et Hitler ont été élus.' 'Nos modèles pour la France font preuve de sagesse les 23 et 24 septembre'.

Ville des Philippines : les non-vaccinés devraient mourir de faim

Macron a récemment annoncé que les personnes non vaccinées se verraient bientôt refuser l'accès aux transports publics et aux centres commerciaux, et que le personnel de santé serait tenu d'être vacciné. Cela a provoqué des protestations massives dans des dizaines de villes. Des centaines de milliers de personnes sont descendues dans la rue, mais bien sûr, les médias néerlandais n'en ont pas parlé. (Ils ne sortent avec toutes les caméras et tous les journalistes qu'ils peuvent avoir que si une poignée d'extrémistes du climat ou de militants de Black Lives Matter manifestent quelque part).

Le maire de la ville philippine de Lapu-Lapu est allé plus loin que le président français et a interdit aux personnes non vaccinées l'accès à tous les supermarchés, épiceries et autres magasins d'alimentation. En d'autres termes : pas de vaccin ? Alors mourrez de faim.

Un hôpital britannique menace les parents qui refusent de soumettre leur futur bébé à un test PCR

La Grande-Bretagne est également en train de sombrer à une vitesse vertigineuse dans la folie et la démence inhumaines célestes de Covid. Un hôpital menace de prendre des mesures contre les futurs parents parce qu'ils refusent de soumettre leurs bébés à un test PCR après la naissance. Oui, même les nouveau-nés doivent être soumis à ce test PCR totalement inutile et potentiellement dangereux.

Le député conservateur Graham Brady, président du comité Tory 1922, a écrit dans une tribune publiée dans le Daily Mail qu'il n'y a qu'une seule vraie raison pour les lockdowns : le contrôle social, et non la lutte contre le Covid. Il a même comparé la société actuelle au syndrome de Stockholm : plus le contrôle auquel les gens sont soumis est important, plus ils deviennent dépendants.

Sydney s'est transformée en camp de concentration

En Australie - où de nouvelles élections sont également prévues en 2022 - la police a désormais toute latitude pour appliquer le cinquième verrou d'étranglement, en vertu duquel vous finissez en prison si vous vous éloignez de plus de 5 km de votre domicile. Quelques milliers de personnes se sont aventurées dehors pour protester (ce qui est strictement interdit et vous fait arrêter en Nouvelle-Galles du Sud), mais elles ont été rapidement traitées durement.

Le gouvernement a même annoncé qu'il ferait appel à l'armée. Et pourquoi ? À cause de DEUX nouveaux décès dus au Covid à Sydney, l'un âgé de 90 ans et l'autre de 80 ans. Un quart des personnes de plus de 70 ans ne sont toujours pas "vaccinées", ce qui est qualifié d'"inacceptable".

Pas de protège-dents - amende de 500 dollars, même pour les personnes vaccinées. La police peut fermer n'importe quel magasin si elle estime que les règles ne sont pas respectées. Ils ont transformé Sydney en un camp de concentration", commente M. Armstrong. Ils disent aux gens que plus vite ils se feront vacciner, plus vite ils retrouveront leur liberté. Ils disent aux gens de moucharder leurs voisins, ce qui était exactement la même tactique de la Stasi en Allemagne de l'Est'.

Une civilisation irrécupérable

Les conséquences à long terme de ces mesures vont complètement briser la société, car une fois que vous avez monté les voisins les uns contre les autres, vous ne pouvez pas restaurer la civilisation. Des ordres sont donnés dans le monde entier pour mettre la société sens dessus dessous et rendre les gens à la gorge les uns des autres'.

Comme ce sera bientôt le cas aux États-Unis ? Là-bas, le CDC a maintenant ouvertement déclaré que ce sont principalement les personnes entièrement vaccinées qui propagent les variantes (supposées) Delta et Lambda. Pendant ce temps, les médias accusent faussement les non-vaccinés, ce qui signifie que la haine délibérément attisée entre ces groupes peut à un moment donné dégénérer en force brute.

Armstrong : "Et il y a le risque que nous ayons une vraie version des Hunger Games, maintenant que Biden paie les agriculteurs pour qu'ils ne fassent PAS pousser de cultures. Est-ce pour cela que (Bill) Gates est devenu le plus grand propriétaire foncier des États-Unis - pour arrêter la production alimentaire ?".

Les gouvernements et les parlements occidentaux "ne représentent plus le peuple".

Les droits de l'homme étant bafoués même dans les pays occidentaux, "il y aura des révolutions", prévient M. Armstrong. Notre ordinateur est très clair à ce sujet. Notre forme actuelle de gouvernements et de parlements s'effondrera, car ils ne représentent plus le peuple". Les policiers qui collaborent à la suppression de leurs propres citoyens " seront à jamais considérés par l'histoire comme des tyrans malfaisants ". Ce n'est pas parce qu'un politicien ordonne quelque chose que cela devient légal, éthique ou moralement juste.

Nous devons nous demander pourquoi la police utilise la même excuse que les nazis pendant la Seconde Guerre mondiale : "Befehl est Befehl". Cela signifie qu'ils sont incapables de penser librement.

L'ordinateur (l'I.A. "Socrates") a désigné les mois d'août et d'octobre comme une période sombre au cours de laquelle il y aura une attaque généralisée contre les personnes non vaccinées. Une civilisation naît quand il est à l'avantage de tous de travailler ensemble. Les civilisations s'effondrent lorsque des divisions apparaissent, et c'est exactement ce que les gouvernements du monde entier font actuellement pour rester au pouvoir. L'histoire nous avertit qu'ils échoueront dans ce processus. Peut-être comprendrez-vous maintenant comment Socrate a également prédit que les nations se diviseront selon les mêmes lignes que lors des conflits précédents."

La cyberattaque de Klaus Schwab arrive-t-elle ?

(Klaus) Schwab détourne peut-être l'agitation sociale en prétendant que les gens veulent sa solution communiste et 'l'égalité', mais il se livre délibérément à cette tromperie afin de soumettre le monde entier à sa vision économique. Tôt ou tard, le peuple prendra également d'assaut le Forum économique mondial. En

septembre, les esprits seront encore plus échauffés",
pense Armstrong.

Est-ce que ce sera le moment où Klaus Schwabs
ordonnera sa cyber-attaque annoncée et récemment
répétée (false flag), conçue pour donner le coup de
grâce au peuple, à l'économie et à la civilisation
occidentaux, et les soumettre à la dictature communiste
la plus dure qui soit ? Armstrong a récemment qualifié
Schwab et Gates, qui semblent se considérer comme
des sortes de demi-dieux intouchables, de nouveaux
Hitler. Nous pensons personnellement que la misère
que ces deux messieurs sont en train de créer - avec le
plein accord et/ou la coopération de presque tous "nos"
hommes politiques et membres du parlement - fera
d'Hitler un enfant de chœur.

Chapitre 11 : Passeports et puces

Une interview de 2016 de Klaus Schwab, haut responsable du WEF, dans laquelle il prédit que "d'ici 10 ans" une carte de santé mondiale obligatoire sera adoptée, et que tout le monde aura des puces implantées, ajoute à la preuve que le numéro de Covid-19 a été minutieusement préparé.

Schwab aurait travaillé sur un plan il y a au moins cinq ans pour créer une énorme épidémie de virus et l'exploiter pour établir des passeports sanitaires et les lier à des tests et des vaccinations obligatoires, le tout selon l'approche problème-réaction-solution. L'objectif est d'avoir un contrôle total sur l'ensemble de la population humaine de la planète.

D'ici dix ans, nous aurons des micropuces implantées", a déclaré Schwab il y a cinq ans.

En 2016, un intervieweur francophone lui a demandé : "On parle de puces implantables ?" "Quand est-ce que ça va arriver ?".

"Absolument dans les dix prochaines années", a déclaré Schwab. Nous commencerons par les mettre dans nos vêtements. Nous pouvons ensuite imaginer les implanter dans notre cerveau ou notre peau. Le contremaître du WEF a ensuite commenté sa vision de la "fusion" de l'homme et de la machine.

À l'avenir, nous pourrons peut-être communiquer directement entre notre cerveau et le monde numérique. Nous observons une fusion des mondes physique, numérique et biologique". Il suffira de penser à quelqu'un dans le futur pour pouvoir le joindre directement à travers le "nuage".

Il n'y aura plus de personnes biologiques avec un ADN naturel dans le monde transhumaniste, qui deviendra enfin entièrement "numérique". Le "cloud" sera utilisé pour stocker les données de chacun.

L'humanité a commencé à être reprogrammée génétiquement.

L'ordre économique actuel sera détruit par le "Great Reset" de Schwab ("Build Back Better"). L'effondrement financier imminent sera exploité pour lancer un nouveau système mondial basé uniquement sur la monnaie et les transactions numériques. Ce nouveau système sera connecté au monde entier grâce à la technologie 5G. Les réfractaires seront interdits "d'achat et de vente", autrement dit, de vie sociale.

À la fin des années 2020, les " vaccins " à ARNm Covid-19 ont commencé à programmer et à manipuler génétiquement l'humanité afin de la rendre " apte " à être d'abord liée, puis intégrée, à ce système numérique mondial, qui, comme vous le savez, est selon nous le royaume biblique de " la Bête ".

Ces vaccins modificateurs de gènes ont le potentiel d'éliminer votre libre arbitre et votre capacité à penser par vous-même, ainsi que votre désir et votre capacité à vous connecter au monde spirituel.

Perspective chrétienne : l'humanité est coupée de Dieu

D'un point de vue chrétien, la reprogrammation de l'ADN humain par ces vaccins peut être considérée comme la dernière tentative de Satan pour séparer définitivement l'humanité de Dieu. Cela semble être la véritable explication de l'avertissement du livre biblique prophétique de l'Apocalypse selon lequel les individus qui portent cette "marque" périront.

Ce n'est pas simplement à cause d'une puce et d'une succession de piqûres ; c'est à cause de ce que ces piqûres feront à et en vous. En conséquence, Dieu ne pourra pas sauver ceux dont l'esprit (le libre arbitre) aura été reprogrammé pour une obéissance totale ("adoration"). Cela nécessitera Son intervention, car sinon, l'humanité dans son ensemble sera perdue à jamais.

Les faux enseignements ont aveuglé une grande partie du christianisme.

L'aspect essentiel de ce complot sournois, qui était en préparation depuis longtemps, était l'infiltration du christianisme avec une série de faux enseignements, dans le but de maintenir les croyants aveugles jusqu'à la fin des temps, en préparation de l'avènement et de l'établissement du règne de la Bête.

En effet, des dizaines à des centaines de millions de chrétiens, notamment en Occident, croient qu'ils n'auront jamais à vivre cette période. Même maintenant, alors que la mise en œuvre de ce système a commencé, la majorité des gens refusent de l'accepter. Avec leurs opinions pro-vaccination, la plupart des partis et des églises chrétiennes coopèrent ouvertement à cette "Grande Réinitialisation" vers le domaine de "la Bête". En termes théologiques, le Vatican en est le moteur le plus puissant et le plus convaincu.

"Mais nous avons été dupés !" n'est pas une excuse.

Peut-être qu'un parallèle biblique peut aider certaines personnes à comprendre ? Genèse 3, le récit de la création et de la "chute", tel qu'il nous est raconté aujourd'hui : Le serpent persuade Adam et Eve qu'ils n'ont pas le droit de "manger" la "pomme", en l'occurrence le signe, c'est-à-dire de ne pas se la faire piquer (test de la racine du "signe" : charagma = gratter/quelque chose avec une aiguille = piquer), mais le serpent les persuade que ce signe ne les damnera pas, mais fera d'eux des "dieux". Après avoir été persuadés par ce mensonge, leurs plaintes contre Dieu ("mais on nous a menti !") ont été vaines, et ils sont morts lentement et douloureusement. Ils auraient pu et dû savoir, ils n'avaient donc aucune justification.

Accepter le "signe", selon la Bible, entraîne une conséquence encore plus grave : la mort éternelle. Se laisser modifier génétiquement par des vaccins à ARNm, puis intégrer dans un réseau numérique mondial, c'est-à-dire renoncer à tout contrôle sur son corps et à son libre arbitre, c'est à chaque individu de décider si le danger en vaut la peine.

Chapitre 12 : Pas de soins de santé

Certains médecins sont tellement endoctrinés et terrifiés qu'ils rejettent la faute sur les malades eux-mêmes : "Mon employeur a exercé une forte pression sur moi pour que je sois vacciné".

The Highwire, le programme américain de santé sur Internet qui connaît la croissance la plus rapide et compte déjà plus de 75 millions de téléspectateurs, a récemment attiré l'attention sur une tendance inquiétante aux États-Unis, qui pourrait également se manifester dans d'autres pays occidentaux. En effet, de plus en plus de médecins refusent de traiter les personnes qui souffrent d'effets secondaires graves et de réactions indésirables après une vaccination avec un vaccin Covid-19. La raison en est évidente : l'establishment politique et pharmaceutique a effectivement canonisé ces vaccins manipulés génétiquement. Si des personnes tombent très malades ou même meurent à cause de ces vaccins - aux États-Unis, en 2021, il y aura déjà 4000% de plus de victimes des vaccins que durant toute l'année 2020 pour toutes les autres vaccinations combinées - alors les instructions sont que cela ne peut pas et ne doit pas être la faute du vaccin. Les médecins qui observent néanmoins cela doivent craindre pour leur emploi et leur carrière.

Certains médecins sont tellement endoctrinés qu'ils accusent les malades eux-mêmes. Ils traitent les personnes qui souffrent d'effets secondaires graves après une vaccination de patients atteints d'un "trouble de conversion", de peur de mettre dans leur dossier que le vaccin en est la cause probable. (Ou, en d'autres termes, "rentrez chez vous, ma petite dame, parce que c'est entre vos oreilles").

Le 4 janvier, mon employeur a exercé une forte pression sur moi pour que je me fasse vacciner", m'a raconté Shawn Skelton. Après avoir obtempéré, elle a immédiatement ressenti des effets secondaires tels que de légers symptômes grippaux. Mais à la fin de la journée, j'avais tellement mal aux jambes que je n'en pouvais plus. Quand je me suis réveillée le lendemain, ma langue tremblait, puis ça a empiré. Le jour suivant, j'ai eu des convulsions dans tout le corps. Cela a duré 13 jours.

Ils ont trop peur de nous soigner, disent-ils.

Un médecin m'a dit que le diagnostic était le suivant : "Je ne sais pas ce qui ne va pas chez vous, c'est pourquoi nous vous blâmons", a déclaré un autre. Skelton a développé. Les médecins ne savent tout simplement pas comment aborder les effets négatifs du vaccin à ARNm. Je crois aussi qu'ils en sont terrifiés. Je n'arrive pas à comprendre pourquoi aucun médecin ne veut nous aider.

Deux autres agents de santé, Angelia Desselle et Kristi Simmonds, ont vécu des expériences similaires. Elles aussi ont souffert de convulsions, et leurs médecins ont également refusé de les traiter. Un neurologue a rejeté le courriel de Desselle qui lui avait été adressé. C'était un spécialiste des troubles du mouvement, ce dont je pensais avoir besoin. Mon médecin traitant m'a dit qu'il semblait que je souffrais d'une maladie de Parkinson avancée. Mais il m'a répondu par courriel qu'il avait des tâches très complexes et qu'il ne pouvait pas me recevoir à ce moment-là.'

Les autres médecins lui ayant également fermé la porte, elle s'est rendue chez un neurologue sans mentionner qu'elle avait été vaccinée contre le Covid-19. Je ne voulais pas qu'on me renvoie à nouveau. Mais c'est dans mon dossier médical, et quand il l'a regardé, il m'a dit : 'Vous avez donc fait le vaccin ? Et j'ai répondu 'oui, mais je ne voulais pas vous donner cette information parce que j'ai besoin d'aide'. Maintenant, elle reçoit enfin un traitement pour ses crises de migraine.
En Europe, les médecins généralistes et spécialistes sont soumis à une réglementation stricte.

Nous ne savons pas si les médecins généralistes européens refusent également de traiter les patients vaccinés qui tombent malades. Il leur est toutefois interdit de prescrire aux patients (présumés) atteints de corona des médicaments dont l'efficacité et la sécurité ont été prouvées, comme l'hydroxychloroquine et l'Ivermectin. Rien ne devrait menacer le "saint" programme de vaccination de masse - récupération : programme de génie génétique, après tout.

En Europe, les médecins généralistes et spécialistes sont soumis à une réglementation stricte.

Nous ne savons pas si les médecins généralistes européens refusent également de traiter les patients vaccinés qui tombent malades. Il leur est toutefois interdit de prescrire aux patients (présumés) atteints de corona des médicaments dont l'efficacité et la sécurité ont été prouvées, comme l'hydroxychloroquine et l'Ivermectin. Rien ne devrait menacer le "saint" programme de vaccination de masse - récupération : programme de génie génétique, après tout.

Au début de l'année, le gouvernement a fait porter toute responsabilité des conséquences des vaccins Covid sur les épaules des prestataires de soins de santé et des personnes vaccinées. Il n'est donc pas inconcevable que les professionnels de santé et les spécialistes en Europe soient réticents à reconnaître, et encore moins à traiter, les victimes de la vaccination en tant que telles.

Chapitre 13 : Super variantes

Les soi-disant experts qui prétendent que les variantes sont causées par des personnes non vaccinées n'ont aucune compréhension scientifique. La seule cause réelle est la vaccination de masse. Ces vaccins suppriment l'immunité naturelle des personnes vaccinées".

L'éminent spécialiste des vaccins, le Dr Geert Vanden Bossche, qui a précédemment travaillé avec l'alliance GAVI et la Fondation Bill et Melinda Gates, a publié un article au titre éloquent : "Dernier avertissement". Si le monde n'arrête pas immédiatement les vaccinations Covid, il est convaincu qu'une vague inéluctable de maladies graves, incurables et mortelles s'abattra sur nous.

Vanden Bossche est un scientifique systémique qui est normalement très favorable à la vaccination et qui, par conséquent, continue de supposer l'existence du "nouveau" virus corona / SARS-CoV-2 et des "infections" avérées. Nous laisserons cette position discutable pour l'instant, car pour l'instant, le plus important est que les politiciens cessent d'ignorer l'opposition croissante de scientifiques établis comme lui.

Au début de l'année, M. Vanden Bossche a prévenu que le fait de fournir à des milliards de personnes de nouveaux vaccins pendant une pandémie - une interdiction absolue en immunologie jusqu'en 2020 -

pourrait avoir des conséquences désastreuses, car cela pourrait rendre beaucoup plus dangereuses les mutations qui se produisent normalement toujours, notamment celles des virus respiratoires comme le corona.

Ces vaccinations ont l'effet inverse

Dans son article intitulé "Final Warning", il expose, à l'aide d'arguments scientifiques détaillés, que ce qu'il craignait tant est en train de se produire. Les médias grand public tentent à tort de rendre les non-vaccinés responsables des nouvelles variantes et des mesures connexes. L'expert en vaccins s'y oppose avec véhémence.

Son long récit technique se résume au fait que ce sont précisément les vaccinations Covid-19 qui font que certaines mutations deviennent résistantes à l'immunité. Les campagnes de vaccination de masse au cours d'une pandémie, en particulier au cours d'une pandémie avec des variantes plus infectieuses, ne permettront ni d'obtenir une immunité de groupe, ni de contenir les futures vagues de maladie.... En fait, elles ont exactement l'effet inverse en favorisant la propagation de variants d'échappement VI plus forts, et en supprimant l'immunité naturelle chez les personnes vaccinées." (c'est nous qui soulignons)

Cela ne fera qu'augmenter les taux de morbidité et de mortalité dans la partie de la population qui bénéficie normalement d'une protection naturelle contre le Covid-19 (soit la grande majorité de la population). Une diminution de la morbidité et de la mortalité graves n'est observée que chez les personnes âgées et chez celles qui présentent certaines maladies sous-jacentes. Par conséquent, le résultat des campagnes de vaccination de masse est totalement différent de l'objectif initial, qui était de protéger la grande majorité de la population.

Des conséquences graves dues aux super-variants si nous continuons à vacciner".

D'un point de vue scientifique, dit-il, il est difficilement concevable que des variantes plus contagieuses du SRAS-CoV-2 n'échappent pas rapidement à l'immunité qu'une grande partie de l'humanité a déjà développée, "et passent à un supervariant qui échappe à la réponse immunitaire de tous les vaccins Covid-19 à base de S (spike). Il est tout simplement inconcevable que les campagnes de vaccination de masse en cours puissent contenir, sans même parler d'y mettre fin, ces variantes pandémiques ou plus contagieuses du SRAS-CoV-2, et forcer ce virus à acquérir des caractéristiques plus légères, plutôt que plus problématiques".

Ces nouveaux variants "constituent une menace énorme et immédiate pour la population humaine et auront des conséquences désastreuses si nous poursuivons la vaccination de masse pendant ces taux

d'infection élevés, alors que les mesures de prévention
sont largement relâchées".

La vaccination de masse est le seul vrai coupable.

Enfin et surtout, il faut souligner que ceux qui se disent
"experts" et prétendent que cette pandémie est une
"pandémie de personnes non vaccinées" n'ont aucune
compréhension scientifique de la dynamique évolutive
du Sars-CoV-2, tel qu'il émerge actuellement de la
combinaison d'une infectivité virale élevée et du taux
(élevé) de vaccination. (souligné et gras ajouté)

Ni les vaccinés (qui croyaient simplement que le vaccin
les protégerait du Covid-19) ni les non-vaccinés (qui
croyaient simplement qu'ils n'avaient pas besoin de
vaccin pour rester protégés) ne peuvent être tenus pour
responsables de cette escalade de la pandémie. La
vaccination de masse est le seul vrai coupable.

(Une copie de cette lettre a été envoyée à l'OMS, aux
NIH, aux CDC, à la Fondation Bill et Melinda Gates, à
GAVI, à la FDA, à l'EMEA et aux responsables de la R&D
de Pfizer, Moderna, Astra-Zeneca, J&J, Novavax et GSK).

Chapitre 12 : Suppression du système immunitaire

Le Covid-19 est "principalement une maladie vasculaire", selon les chercheurs - Circulation Research : Les lésions pulmonaires sont favorisées par une protéine de pointe - Votre système immunitaire travaille contre vous pour vous protéger du vaccin.

Dans une publication scientifique, des chercheurs du célèbre Salk Institute, fondé par le pionnier des vaccins Jonas Salk, admettent indirectement que les vaccins Covid provoquent des caillots sanguins potentiellement mortels et nuisent à la fois aux vaisseaux sanguins et au système immunitaire.

Nous avons noté en début de semaine qu'un nombre croissant de scientifiques de renom en viennent à penser que les vaccins constituent le plus grand danger pour la santé humaine.

Des milliers d'Européens et d'Américains ont déjà payé de leur vie, et des centaines de milliers de leur santé, leur participation "volontaire" à la plus grande expérience "médicale" de l'histoire.

En Occident, tous les vaccins Covid programment le corps humain pour qu'il crée la protéine spike, l'élément le plus mortel du prétendu virus SRAS-CoV-2, dans le but de protéger les humains contre les conséquences dommageables de la protéine spike.

En un mot, nous faisons fabriquer à votre corps quelque chose de nocif pour qu'il génère des anticorps contre ce même danger, mais nous n'avons aucune idée de la manière dont ce processus pourra jamais être arrêté, ni même s'il le sera.

Alors pourquoi ne pas prendre le "risque" de contracter le virus, dont il a été démontré qu'il ne rendait pas malade 99,7 % de la population, voire pas du tout ? Non, en 2021, ce raisonnement rationnel, historiquement non controversé, est soudainement dépassé. Nous ne pouvons plus compter sur notre système immunitaire naturel et devons plutôt compter sur ce qui est administré par une seringue.

La Covid-19 est principalement une maladie vasculaire, explique le chercheur.

L'industrie de la vaccination, les politiciens et les médias continuent d'insister sur le fait que la protéine spike est sans danger, mais le Salk Institute a maintenant établi que ce n'est pas le cas. Au contraire, les chercheurs du Salk Institute et d'autres collègues scientifiques avertissent dans la publication "The spike protein of the new coronavirus plays an extra crucial role in disease" que la protéine spike endommage les cellules, "ce qui confirme que le Covid-19 est en grande partie une maladie vasculaire."

Une autre protéine de pointe qui a fait tant de victimes ?

Bien sûr, il est interdit aux scientifiques de Salk de critiquer directement les vaccins. C'est pourquoi, selon leur article, la protéine de pointe produite par les vaccins se comporte très différemment de la protéine de pointe produite par le prétendu virus.

Tout d'abord, cela contredit les affirmations de tous les fabricants de vaccins selon lesquelles leurs vaccins créent la même protéine de pointe. Deuxièmement, cela jette un doute sur l'efficacité des vaccins, car si la protéine de pointe produite par les vaccins diffère considérablement de celle produite par le virus, quel est l'intérêt de la vaccination (en supposant, pour l'instant, que ces "vaccins" génétiquement conçus fonctionnent) ?

D'un autre côté, même les scientifiques pro-vaccins acceptent maintenant que la protéine de pointe est responsable d'un grand nombre de décès et de personnes souffrant d'effets secondaires majeurs et de dommages à long terme, souvent permanents, pour la santé. En d'autres termes, c'est une admission implicite que les vaccinations Covid-19 sont potentiellement mortelles.

La protéine de pointe provoque des lésions pulmonaires, selon une étude publiée dans Circulation Research.

"La protéine de pointe SARS-Cov-2 altère la fonction endothéliale en inhibant l'ACE-2", selon une étude scientifique publiée dans Circulation Research. L'intérieur du cœur et des vaisseaux sanguins est tapissé de cellules endothéliales. En diminuant les récepteurs ACE-2, la protéine spike "favorise les lésions pulmonaires". Les cellules endothéliales des artères sanguines sont endommagées, et le métabolisme s'en trouve perturbé.

Les auteurs de cette étude étaient également favorables à la vaccination, affirmant que les "anticorps générés par le vaccin" pouvaient protéger l'organisme contre la protéine spike. Essentiellement, la protéine de pointe peut causer des dommages importants aux cellules vasculaires, et le système immunitaire peut contrer ces dommages en combattant la protéine de pointe.

Le système immunitaire essaie de vous protéger CONTRE le vaccin.

En d'autres termes, le système immunitaire humain s'efforce de défendre le patient contre les effets négatifs et les contre-réactions du vaccin afin d'empêcher le patient de mourir. Toute personne qui survit au vaccin Covid le doit à la protection de son propre système immunitaire CONTRE le vaccin, et non au vaccin lui-même.

La vaccination est l'arme", conclut Mike "Natural News" Adams. Votre système immunitaire vous protège. Tous les vaccins Covid devraient être retirés du marché immédiatement et réévalués pour leurs effets négatifs à long terme, sur la base de cette seule recherche.

Selon les statistiques officielles du VAERS, le nombre de décès liés aux vaccins aux États-Unis en 2021 sera supérieur de près de 4 000 % au nombre total de décès liés aux vaccins en 2020.

Le vaccin saint n'est pas responsable d'une crise cardiaque ou d'une hémorragie cérébrale.

Le mécanisme suivant a été scientifiquement prouvé et est désormais établi : les vaccins Covid-19 incitent votre corps à fabriquer la protéine spike, qui peut provoquer des lésions vasculaires et des caillots de sang, lesquels peuvent se déplacer dans tout le corps et se retrouver dans divers organes (cœur, poumons, cerveau, etc.). Les personnes qui meurent à cause de cela sont appelées "crise cardiaque", "caillot de sang" ou "hémorragie cérébrale". Les sacro-saints vaccins ne peuvent et ne doivent jamais être mis en cause, quelles que soient les preuves actuelles qu'ils en sont la cause principale.

Les vaccinés semblent présenter un risque pour les non-vaccinés, en plus de la possibilité d'un préjudice permanent ou mortel pour leur propre santé. De nombreux "wappies" de la couronne qui ont récemment reçu leurs vaccins ont été transformés en "usines à pointes" ambulantes, et peuvent maintenant exhaler ces protéines de pointes. Ils peuvent ainsi infecter d'autres personnes par ce processus d'"'excrétion".

Les vaccins contre les armes biologiques ont été créés par l'administration de l'apartheid contre la population noire.

Les vaccins sont utilisés depuis longtemps comme armes biologiques contre le grand public. Le gouvernement d'apartheid de l'Afrique du Sud a créé la technologie à la base d'une telle vaccination "auto-réplicative". À l'époque, les scientifiques développaient des vaccins "raciaux" dans le but d'éradiquer une grande partie de la population noire.

Cette année, l'école de santé publique Johns Hopkins Bloomberg a proposé d'utiliser un vaccin auto-répliqué pour "vacciner" automatiquement l'ensemble de la population mondiale. Des drones et des robots d'IA seraient ensuite utilisés pour appliquer et surveiller le programme.

Les personnes qui sont encore impatientes de s'inscrire dans une allée de vaccins qui seront génétiquement modifiés pour générer une protéine de pointe potentiellement mortelle semblent avoir été totalement trompées par les médias grand public et les politiciens du système. Ils ont été engourdis par tous les avertissements et les montagnes de preuves, et ils ne peuvent pas croire que le monde est dirigé par des monstres sans scrupules qui n'ont aucun scrupule à commettre le plus grand génocide potentiel de l'histoire de l'humanité.

Chapitre 14 : La propagande de la peur

Le gouvernement "a une masse d'âmes innocentes sur la conscience" - "Ne croyez pas leurs mensonges" alors que le gouvernement et les médias sortent de nouvelles déclarations alarmistes.

Le rédacteur en chef du plus grand journal d'Europe, le Bild allemand, a demandé pardon au public devant les caméras pour la propagande de peur sur le Covid-19. Nous avons convaincu nos enfants qu'ils tueraient leur grand-mère s'ils osaient être ce qu'ils sont : des enfants. Ou s'ils rencontraient leurs amis. Rien de tout cela n'a été prouvé scientifiquement". Il a averti le gouvernement qu'avec les mesures de confinement sévères, il restera dans les livres d'histoire comme des dirigeants qui auront "une masse d'âmes innocentes sur la conscience".

La couverture dans Bild "a été comme un poison", a admis le rédacteur en chef Julian Reichelt devant la caméra. Elle a donné aux enfants "le sentiment d'être un danger mortel pour la société", ce qui a eu des effets psychologiques très néfastes dans le monde entier et a entraîné une forte augmentation du nombre de suicides dans de nombreux pays.

"Pardonnez-nous que cette politique ait fait de vous des victimes pendant un an et demi".

Aux millions d'enfants de ce pays dont notre société est responsable, je voudrais témoigner ici de ce que ni notre gouvernement ni notre chancelier n'osent vous dire. Nous vous demandons de nous pardonner. Pardonnez-nous cette politique qui vous a rendus victimes de la violence, de la négligence, de l'isolement et de la solitude pendant un an et demi.

Nous avons convaincu nos enfants qu'ils tueraient leur grand-mère s'ils osaient être ce qu'ils sont : des enfants. Ou s'ils rencontraient leurs amis. Rien de tout cela n'a été prouvé scientifiquement. Si un État retire des droits à un enfant, il doit prouver que cela le protège d'un danger concret et immédiat. Cette preuve n'a jamais été fournie. Elle a été remplacée par une propagande par laquelle l'enfant a été présenté comme un vecteur de la pandémie".

Ne croyez pas leurs mensonges

Reichelt a également souligné le fait que les experts ayant d'autres opinions, plus modérées, "n'ont jamais été invités à la table". Le rédacteur en chef a invité chacun à "ne pas croire ces mensonges" lorsque le gouvernement et les médias sortent à nouveau toutes sortes de déclarations alarmistes (sur les variantes, les (fausses) "infections", etc.)

Le patron du journal, qui, avec 1,24 million d'exemplaires, est le plus important d'Europe, a demandé aux autorités de rouvrir immédiatement les écoles et les salles de sport, et a averti les responsables politiques qu'avec leurs mesures de confinement draconiennes, ils resteront dans les livres d'histoire comme des dirigeants qui auront "une masse d'âmes innocentes sur la conscience".

L'Europe s'est transformée en une dictature sévère

Des dizaines de milliers de manifestants qui protestaient à Berlin contre l'introduction de passeports de vaccination et contre la discrimination et l'exclusion des personnes non vaccinées ont été sauvagement attaqués par la police. Les images choquantes n'avaient rien à envier aux dictatures fascistes les plus dures qui aient jamais existé sur cette planète. Cela a incité le rapporteur spécial des Nations unies sur la torture, Nils Melzer, à demander à des témoins oculaires de se manifester en vue d'une éventuelle enquête officielle sur les graves violations des droits de l'homme.

Il a récemment été révélé que les services de renseignement allemands surveillent et espionnent les manifestants qui s'opposent à la fermeture des prisons, affirmant qu'ils font partie d'une "conspiration" visant à "perturber" la société. Le gouvernement européen a récemment adopté une loi qui permet de traiter toutes les autres opinions et les voix dissidentes comme "perturbatrices de la société". Il s'agissait de la énième preuve que notre pays aussi est en train de se transformer en une dictature totalitaire fasciste par nos propres dirigeants.

Chapitre 15 : Pas de vaccin = pas de droits civils

Ces outrages : C'est votre faute ! Vous avez observé en silence et toléré en silence. C'est votre grande faute : vous êtes en partie responsable de ces crimes odieux ! Puis sur le sort des juifs, puis sur le sort des non-vaccinés ?

Dès janvier 2020, avant même l'arrivée de "Corona" en Europe, nous avons écrit que la soi-disant "pandémie" pourrait bien être un prétexte pour l'établissement d'un gouvernement mondial tyrannique dans lequel notre liberté, notre démocratie et notre autodétermination auront pris fin. Bien que la plupart des gens refusent de croire que l'on puisse en arriver là, nous avons répété cet avertissement à maintes reprises. À juste titre, car il suffit de regarder les mesures d'apartheid fasciste qui sont prises en Europe. Comme en Italie, où les personnes non vaccinées se voient désormais refuser l'accès aux bureaux de vote, et où les politiciens et parlementaires non vaccinés ne sont plus autorisés à figurer sur la liste des candidats du parti démocrate.

Au point 8 du "The Great Reset" du Forum économique mondial, des termes fleuris sur le prétendu respect des droits de l'homme annoncent la fin de notre démocratie. Si cela ne tenait qu'à Klaus Schwab, personne n'aurait son mot à dire sur sa vie, son avenir, sa santé et même son corps. Comme nous le savons, Sigrid Kaag et Mark Rutte, qui ont littéralement décrit la

Grande Réinitialisation de Schwab comme "un avenir plein d'espoir", sont entièrement derrière ce coup d'État technocratique planifié de longue date, et maintenant en cours, contre notre société et notre avenir.

Pas de vaccin = pas de vote

Le Premier ministre italien Mario Draghi, qui, en tant que président de la BCE, a enfoncé à lui seul un lourd clou dans le cercueil de la zone euro avec des années de taux d'intérêt négatifs, montre quel est le véritable objectif de l'engagement Covid et de toutes ses mesures restrictives. Maintenant que le passeport Covid a été officiellement introduit dans l'UE, Draghi passe à la prochaine étape tyrannique en rendant ce passeport obligatoire non seulement pour les restaurants, les événements et les transports publics, mais aussi pour l'accès aux bureaux de vote. En d'autres termes, pas de piqûre = pas de vote.

L'ancien Premier ministre Enrico Letta (2013-2014) du Parti démocratique PD, également président du think tank extrémiste pro-UE Institut Jacques Delors, a entre-temps annoncé que les personnes non vaccinées ne figureraient plus sur la liste des candidats. Ce n'est qu'une question de temps avant que les autres partis du Parlement, puis les autres pays de l'UE, ne lui emboîtent le pas.

Des vaccins à 100 % pour imposer une obéissance totale.

Les Européens "n'ont peut-être pas d'armes à feu, mais ils peuvent se défendre par d'autres moyens", commente l'économiste américain Martin Armstrong. Ces dirigeants sont si déréglés et sans émotion parce qu'ils ne peuvent plus faire semblant de tout contrôler. Ils ne peuvent plus financer leurs dettes, et ne peuvent concevoir de cesser un jour de dépenser".

Ils changent l'économie pour la grande réinitialisation PARCE QUE le système est défaillant. Le véritable objectif des vaccinations à 100% est de transformer toute la société en drones obéissants'.

Les tyrans du Covid reviendront au massacre des gens.

Ces tyrans de Covid n'auront plus qu'à se rabattre sur le massacre des gens". Ainsi, partout en Occident, les manifestants pour la liberté sont sauvagement attaqués - comme ce fut le cas il y a quelques jours à Berlin, où même des femmes âgées ont été jetées à terre par le M.E. et où une femme de 48 ans a été battue à mort à coups de matraque - et présentés par les médias comme de dangereux extrémistes, des insurgés, des "dangers pour la société", voire des terroristes et des ennemis de l'État.

Si vous pensez : où cela va-t-il nous mener, relisez simplement les annales historiques sur la persécution des Juifs par les nazis dans les années 30. Remplacez "Juifs" par "Non vaccinés" et vous verrez par vous-même les similitudes effrayantes. Comme les Juifs à l'époque, les non-vaccinés et les anti-vaxx commencent à perdre non seulement leurs libertés, mais aussi leurs emplois et leurs postes. (Voir aussi notre article du 23 septembre 2020 : Voici comment le Reichsmarschall Göring a convaincu les gens de le faire : 'Faites-leur peur et dites-leur que les refusants sont un danger').

Si les gens ne se soulèvent pas pacifiquement en masse contre cette discrimination d'État, cette exclusion inhumaine et cet apartheid, les personnes non vaccinées finiront par être complètement mises au ban de la société. Une nouvelle "solution finale" se profile alors à l'horizon : les camps de concentration.

Qui se tait, accepte

Ces outrages : C'est votre faute ! Vous êtes restés les bras croisés et avez toléré en silence. C'est votre grande faute : vous êtes en partie responsables de ces crimes atroces !", pouvait-on lire sur une affiche distribuée en Allemagne peu après la guerre, en 1945, et montrant des photos choquantes de piles entières de cadavres décharnés de Juifs.

Indifférents alors au sort des Juifs, indifférents maintenant au sort des non-vaccinés ? Au vu de l'attitude des politiciens et des reportages scandaleusement biaisés dans les médias grand public et sociaux (01-08 : CNN appelle ouvertement à ce que tous les non-vaccinés meurent de faim), les choses évoluent fortement dans cette direction. Comme je l'ai déjà conclu dans de nombreux articles : l'humanité n'a absolument rien appris du passé et commet à nouveau EXACTEMENT les mêmes erreurs fatales qu'à l'époque. Seulement le nombre de victimes de Schwab, Gates, Soros et de tous leurs laquais politiques sera un multiple de ceux de Hitler, Staline, Lénine et Mao additionnés.

Néanmoins, il est encore temps d'organiser un NON massif et pacifique. En même temps, dans toute notre histoire d'après-guerre, aujourd'hui plus que jamais, la règle est : celui qui se tait, est d'accord. Ou bien la conscience du peuple et de ses dirigeants est-elle déjà tellement abrutie que la fin de toute liberté, l'exclusion et l'expulsion des personnes non vaccinées, qui mènent à une solution finale, sont considérées comme une bonne idée ?

Des chercheurs de la division "Virus Watch" de l'University College London (UCL) ont conclu que les vaccins Covid-19 perdent leur effet protecteur supposé après seulement 6 semaines. Cela signifie que chaque personne vaccinée devra recevoir de nouvelles "piqûres de rappel" tous les 2 ou 3 mois, faisant de l'"abonnement aux vaccins" que nous avions prédit il y a plus d'un an une réalité. Les analyses de sang montrent à maintes reprises que les vaccins altèrent et endommagent les globules rouges, provoquant leur agglutination. Chez la plupart des personnes vaccinées, il faut plusieurs mois à quelques années tout au plus avant qu'elles ne commencent à ressentir des effets graves de ce phénomène.

L'analyse du sang de 552 personnes "vaccinées", principalement âgées de 50 à 70 ans, a montré que les anticorps prétendument produits par les vaccins Pfizer et AstraZeneca commençaient à diminuer après seulement un mois et demi. Chez certains, la prétendue "immunité vaccinale" est réduite de plus de moitié en moins de trois mois.

Malgré l'échec total, les "vaccinations" continuent

Depuis l'année dernière, la population est bombardée par les médias grand public de propagande selon laquelle deux injections suffiraient à vous protéger du Covid-19. Des scientifiques critiques et d'autres experts ont immédiatement fait remarquer qu'il s'agissait très probablement d'un grand n'importe quoi. Ils ont été accusés de diffuser de la "désinformation", mais il semble qu'on leur ait donné raison une fois de plus.

Malgré cet échec total de leurs injections "sacrées", les partisans du vaccin ne cèdent pas. Eleanor Riley, professeur d'immunologie à l'université d'Édimbourg, par exemple, affirme que les résultats étaient "attendus" et "ne posaient pas nécessairement de problème".

Non, pas si l'intention, dès le départ, était de donner aux gens des "piqûres de rappel" à l'infini. Selon elle, ces piqûres seraient "nécessaires" pour réduire la "propagation" de la maladie, une affirmation pour laquelle, soit dit en passant, il n'existe toujours aucune preuve.

En permanence sur les piqûres de rappel

Au contraire, il est de plus en plus évident que les injections de Covid sont à l'origine des "variantes" que les médias imputent à tort aux personnes non vaccinées, et que les vaccinés y sont encore plus vulnérables à cause des injections. Dans le même temps, une nouvelle étude montre que l'immunité acquise naturellement (c'est-à-dire sans vaccination) offre très probablement une protection à vie.

Les injections expérimentales de thérapie génique à l'ARNm, présentées comme des "vaccins", constituent au mieux un nouveau modèle commercial fantastique pour Big Pharma. Avec l'aide de politiciens peu méfiants ou sans scrupules, ils obligent l'ensemble de la population mondiale à se faire injecter des injections de rappel permanentes dans le corps, puis gagnent des milliards grâce aux nombreuses maladies et troubles (chroniques) qui en résultent.

30 à 60 % ont déjà des caillots sanguins en formation

Et il est évident que cela va se produire. Diverses études menées parmi les personnes vaccinées en Allemagne et au Canada, entre autres, ont montré qu'au moins 30 % à plus de 60 % d'entre elles développent déjà des caillots sanguins. Même des jeunes gens en très bonne santé ont développé une myocardite et une péricardite après la vaccination. L'une des principales raisons de ce phénomène est l'obstruction des vaisseaux sanguins, capillaires et veineux.

Nous avons récemment calculé que si les conclusions des médecins (généralistes) en Allemagne, au Canada et en Grande-Bretagne sont normatives au niveau international, entre 150 000 et 400 000 citoyens d'un petit pays mourront de caillots sanguins au cours des prochaines années.

Le docteur britannique Van Welbergen, fort de plus de 40 ans d'expérience, a fait examiner au microscope le

sang de ses patients qui avaient reçu une injection de
Moderna. Les résultats ont été choquants : de
nombreux globules rouges étaient endommagés, de
sorte qu'ils ne circulaient plus "en douceur" dans les
vaisseaux sanguins, mais commençaient à s'agglutiner.

C'est incroyablement stupéfiant et effrayant", a déclaré
le Dr Ruby. Nous savons maintenant que les vaccins
Pfizer et Moderna sont à l'origine des caillots sanguins
et de toutes ces hémorragies cérébrales et crises
cardiaques, de la myocardite, de la faiblesse, des
troubles neurologiques similaires à la maladie de
Guillain-Barré et à la SEP..... Le sang semble
empoisonné. Il contient des substances dangereuses, et
les globules rouges y réagissent violemment et sont
perturbés". En conséquence, l'oxygène n'est plus
transporté correctement dans l'organisme, ce qui
provoque de la fatigue, des vertiges, de la distraction,
de la confusion, etc.

**Crimes contre l'humanité sous prétexte de
vaccinations".**

Entre-temps, de plus en plus de vaxxers souffrent de ce
que l'on appelle le syndrome CoVax (léthargie, faiblesse
et fatigue importantes, symptômes ressemblant à du
stress ou à un épuisement professionnel, douleurs
aiguës, problèmes de vue et d'audition, dépression).

Chez les adolescents et les jeunes adultes, les injections
de Covid ont déjà causé 250 fois plus de décès que le

coronavirus (présumé) (3). Pour Adams, il est donc incompréhensible que ces "vaccins" puissent encore être qualifiés de "sûrs et efficaces". Ce sont des crimes contre l'humanité sous le prétexte de vaccinations". Il met même en garde contre "un holocauste vaccinal à venir".

Chapitre 17 : Canular climatique et future dictature de 2030 ?

Le Groenland vient de connaître une augmentation record de la glace - Le Brésil perd 10 millions de sacs de café à cause du FROID - La dure réalité du refroidissement planétaire finira par pulvériser le conte de fées du réchauffement climatique au CO2.

Les enfermements climatiques deviendront permanents, puisque selon l'Agenda 21 / 2030 de l'ONU, tous les gens doivent être enfermés dans les mégapoles, et il leur sera interdit d'accéder librement à la nature.

Dans le monde entier, des milliers de vrais scientifiques ne prennent pas au sérieux depuis des années le GIEC, le groupe d'experts des Nations unies sur le climat dirigé par des idéologues d'extrême gauche et des "experts" approuvés par eux. Il en va tout autrement des hommes politiques et des médias grand public, qui, par conviction ou par ignorance crédule, ont pleinement adhéré à ce programme démagogique de fausse science, qui n'a qu'un seul objectif : démolir totalement la liberté, la démocratie et la prospérité en Occident, et soumettre le monde entier à une dictature communiste totalitaire. Le dernier rapport "apocalyptique" du GIEC est à nouveau rempli d'absurdités démontrables sur le réchauffement de la planète, et n'a pour but que d'effrayer encore plus la population et de la rendre mûre pour un enfermement "climatique" permanent.

Le secrétaire général des Nations unies, M. Guterres, a déjà annoncé l'"urgence climatique" à la fin de l'année dernière, qui doit être maintenue jusqu'à ce que la "neutralité climatique" soit atteinte en 2050. Cela signifie qu'au cours des 30 prochaines années environ, nous serons plongés dans des blocages climatiques, qui se succéderont si rapidement qu'il y aura bientôt une situation permanente qui ne pourra jamais être inversée, même après 2050.

L'objectif : le contrôle total de tout et de tous

L'objectif de l'élite mondialiste de l'ONU, de l'OMS, du FEM, de l'UE et du FMI est désormais bien connu de tous : le contrôle total de tout et de tous, littéralement. Le GIEC tente maintenant de justifier à l'avance les pénuries de nourriture, de carburant et d'énergie à venir, ainsi que le chaos et la pauvreté qui en résulteront, par le mensonge du "réchauffement accéléré d'origine humaine". La véritable cause du changement climatique, un refroidissement continu dû au nouveau grand minimum solaire et à l'affaiblissement rapide du champ magnétique de la Terre, ne sera probablement jamais admise.

Vous ne pouvez pas contrôler le soleil, et vous ne pouvez pas non plus taxer notre étoile, donc les alarmistes climatiques dans la politique, les médias et les institutions telles que le GIEC continueront avec leurs faux messages de panique scientifiques exigeant que les émissions humaines de CO2 doivent être réduites à zéro pour empêcher une catastrophe climatique, et que vous et moi devons faire de grands sacrifices qui mèneront à la fin irrévocable de notre liberté et de notre prospérité actuelle, et avec elle des choses comme de l'énergie et de la nourriture abordables, un chauffage fiable et des transports privés.

Le soleil et le climat se moquent du diktat occidental

Pendant ce temps, le soleil et le climat n'ont que faire du faux diktat du CO2 des alarmistes occidentaux. En raison du froid intense en Amérique du Sud, l'Argentine et le Brésil doivent maintenant importer de grandes quantités de nourriture. Au Brésil, 10 millions de sacs de café ont déjà été perdus à cause du FROID persistant. En Afrique du Sud aussi, les cultures ont été durement touchées par un froid record. Aux États-Unis, le froid et la sécheresse menacent de réduire les récoltes de céréales jusqu'à 70 % (que devront bientôt manger les Américains ?), et les images des inondations catastrophiques en Europe et en Chine ont fait le tour du monde.

Le "changement climatique" a toujours existé et existera toujours. Le réchauffement doux et parfaitement normal du siècle dernier était une reprise bien nécessaire après le minimum de Dalton, une période froide de mauvaises récoltes, de maladies, de pénuries et de pauvreté.

Ce n'est pas l'homme, mais le refroidissement global qui, historiquement, provoque toujours des conditions météorologiques instables et plus extrêmes. Les alarmistes de la politique et des médias ne font que répandre le conte de fées dogmatique et antiscientifique selon lequel le climat est toujours censé rester presque constant et stable, et que quelques fractions de pour cent de CO2 supplémentaires provoqueraient un réchauffement catastrophique.

Malheureusement, notre avenir est froid

Hausse des températures = climat plus stable, bonnes récoltes, moins de maladies, meilleures conditions de vie et plus grande biodiversité. Cela a toujours été vrai depuis des temps immémoriaux. C'est pourquoi les forêts tropicales abritent la majorité des espèces végétales et animales de la planète, alors qu'elles n'occupent que 12 % de la surface terrestre. C'est pourquoi les civilisations ont prospéré pendant les périodes de hausse des températures, et sont retombées en déclin lorsqu'il a fait plus froid.

Chute des températures = TOUJOURS de gros problèmes. La vie a beaucoup plus de mal à s'adapter au froid qu'à la chaleur. Regardez les pôles ; seules 600 espèces de plantes y vivent, 100 espèces d'oiseaux, aucun reptile ni amphibien, et seulement 20 espèces de mammifères. Froid = climat instable = mauvaises récoltes = faim = maladies = pénuries = guerres, et beaucoup de misère et de mort.

Malheureusement, notre avenir est froid, et malheureusement cet avenir a déjà commencé. Le soleil est entré dans un nouveau Grand Minimum Solaire, un cycle de 400 ans qui provoquera un refroidissement prolongé avec une forte baisse des températures. Le GIEC ne veut pas que vous le sachiez. En fait, le GIEC refuse même de l'envisager, car sinon ces faits remettent en cause leur fantasme du réchauffement climatique anthropique. Le gouvernement ne veut pas non plus que vous le sachiez, et il est en train de détruire ce qui pourrait nous aider à traverser cette période de froid : une énergie stable et abordable (pétrole, gaz, nucléaire, charbon), pour la remplacer par des sources "vertes" extrêmement dépendantes des conditions météorologiques, non durables et très coûteuses.

L'influence du soleil est juste maximale

Le GIEC prétend que l'influence du soleil sur le climat est minime. Cette affirmation est simpliste, pour ne pas dire carrément ridicule, car, outre les faits concrets de l'histoire, les vrais scientifiques démontrent à maintes reprises que le soleil est le principal moteur du changement climatique. Par exemple, un soleil plus faible permet à davantage de rayons cosmiques de pénétrer dans notre atmosphère, ce qui augmente l'activité volcanique et favorise la formation de nuages, des éléments qui influencent grandement la température.

Une récente étude astronomique a révélé que la température beaucoup trop élevée sur Jupiter - un mystère qui n'a pas pu être expliqué en 50 ans - est causée par les aurores intenses (= activité solaire) autour de la planète, qui ont un impact puissant sur le champ magnétique. Cet effet déterminant des rayons cosmiques sur l'atmosphère des planètes, et donc sur le temps et la température, est totalement ignoré par le GIEC. Il en va de même pour l'effet amplificateur résultant de la diminution rapide du champ magnétique de notre planète.

Le groupe d'experts sur le climat de l'ONU, malgré de nombreuses études scientifiques, a simplement décidé que le soleil ne devait avoir aucune influence sur le climat, car cela sape complètement leur théorie du CO_2 et donc leur droit d'exister. Il s'agit d'un pur charlatanisme idéologique qui, dans l'histoire, n'a d'égal que les "scientifiques" que le Vatican a recrutés pour "prouver" que la Terre était le centre de l'univers et qu'elle était vraiment plate et non ronde.

Niveau extrêmement faible de CO_2 dans l'atmosphère

En outre, de simples faits indéniables, tels que les 450 parties par million de CO_2 présentes dans notre atmosphère (= 0,04 %), qui constituent historiquement un niveau extrêmement FAIBLE* (mais juste au-dessus de la limite à laquelle la vie est possible sur Terre (300 ppm)), devraient amener même les personnes les moins réfléchies et les plus dociles, sans aucune connaissance scientifique, à se demander pourquoi une augmentation minime d'un gaz parfaitement naturel et nécessaire à la vie fait l'objet d'une telle agitation, alors qu'elle est présentée de manière criminelle comme un "gaz toxique".

(* A l'échelle des temps géologiques, il y avait autrefois 7000 ppm de CO_2 dans l'atmosphère. La planète n'était PAS recouverte d'eau à cette époque car toute la glace aurait fondu sous l'effet de la chaleur).

Mais malheureusement, 99 personnes sur 100 ont une mentalité innée d'esclave. Si quelqu'un ayant suffisamment de pouvoir et d'autorité affirme quelque chose, ils le croiront automatiquement, peu importe les preuves du contraire, peu importe le caractère diamétral et obtus du message et de la politique. La docilité innée semble être inscrite dans notre ADN à tous, et les marchands de pouvoir psychopathes qui parviennent toujours et partout à se hisser au sommet ne sont que trop heureux d'en abuser historiquement.

De faux modèles de "réchauffement" qui n'ont rien à voir avec la réalité

De faux modèles de "réchauffement" qui n'ont rien à voir avec la réalité

Et c'est ainsi que l'on obtient de faux modèles sur la base desquels des milliers de milliards d'euros et de dollars sont prélevés sur la société (soins de santé, éducation, travail, qualité de vie, développement) pour financer les politiques climatiques, en dépit du fait qu'aucun de ces modèles ne s'est rapproché de la réalité. Vous souvenez-vous des anciennes absurdités du GIEC ? Le pôle Nord était censé avoir complètement fondu d'abord en 2000, puis en 2012, et enfin en 2020, la neige était censée appartenir au passé, et des zones côtières entières étaient censées avoir été inondées (Floride, Europe, etc.). Tout cela s'est avéré être votre plus pure connerie.

CODE ROUGE en raison de l'emprise du culte du climat et des vaccins.

Mais les milliers de scientifiques qui ont un avis totalement différent de celui du GIEC, fondé sur des faits concrets, ne sont pas entendus et ne sont pas relayés par les médias. Au lieu de cela, le public est constamment inondé de fausses nouvelles alarmistes et de titres criards comme "Code rouge pour l'humanité". Il n'y a qu'une seule raison à cela, et elle ne s'appelle pas le climat, mais le contrôle totalitaire de TOUS les aspects de votre vie par la mise en œuvre de "verrouillages climatiques" perturbateurs, apparemment pour "sauver la planète et l'humanité", mais en réalité pour vous condamner à une pauvre et misérable existence d'esclave dont il n'y a pas d'issue.

Les politiques climatiques et Covid/vaccins causent des dommages désastreux et irréparables à l'approvisionnement alimentaire mondial, aux chaînes de transport, à l'économie et à la qualité de vie. Au cours des "lockdowns climatiques" à venir, la population sera beaucoup plus facile à contrôler une fois qu'elle se sera finalement rebellée en raison des pénuries continues de nourriture et d'énergie, et des mesures encore plus draconiennes pourront être rapidement imposées. Vous n'aurez plus voix au chapitre ni liberté, et une grande partie de votre richesse aura disparu (voir aussi notre article du 12-01 : Deutsche Bank : Green Deal EU signifie méga crise, éco-dictature et grande perte de richesse).

Il y a donc bien un CODE ROUGE pour l'humanité. Cependant, ce n'est pas à cause du climat, mais à cause de la secte du climat-vaccin, soutenue par presque tous les partis, qui a pris en étau notre système politique complet et qui veut soumettre notre peuple, le monde et l'avenir à un rythme rapide à une autorité mondiale communiste ONU/OMS/FEM/UE/FMI, la dictature la plus dure et la plus inhumaine que cette planète ait jamais connue.

Nos autres livres

Consultez nos autres livres pour découvrir d'autres informations inédites, des faits exposés et des vérités démystifiées, et bien plus encore.

Rejoignez le cercle exclusif des médias de Rebel Press !

Chaque vendredi, vous recevrez dans votre boîte de réception de nouvelles informations sur la réalité non rapportée.

Inscrivez-vous ici dès aujourd'hui :

https://campsite.bio/rebelpressmedia

www.ingramcontent.com/pod-product-compliance
Lightning Source LLC
LaVergne TN
LVHW011020200726
843509LV00011B/1160